浙江大学德育与学生发展研究中心资助

德育与学生发展研究
系列丛书

COLLEGE STUDENTS' LEADERSHIP
CULTIVATION IN THE ERA OF
ENTREPRENEURSHIP AND INNOVATION

BASED ON THE THEORY AND PRACTICE OF OPEN INNOVATION

双创时代的大学生
领导力开发

基于开放式创新的理论和实践

郑尧丽 ◎ 著

ZHEJIANG UNIVERSITY PRESS
浙江大学出版社

图书在版编目(CIP)数据

双创时代的大学生领导力开发：基于开放式创新
的理论和实践 / 郑尧丽著. —杭州：浙江大学出版社，
2019.9

ISBN 978-7-308-19534-8

Ⅰ.①双… Ⅱ.①郑… Ⅲ.①大学生—领导能力—能
力培养—研究 Ⅳ.①G645.5

中国版本图书馆 CIP 数据核字（2019）第 193774 号

双创时代的大学生领导力开发
——基于开放式创新的理论和实践
郑尧丽　著

责任编辑	李海燕	
责任校对	杨利军	张振华
封面设计	卓义云天	雷建军
出版发行	浙江大学出版社	
	（杭州市天目山路 148 号　邮政编码 310007）	
	（网址：http://www.zjupress.com）	
排　　版	杭州林智广告有限公司	
印　　刷	杭州高腾印务有限公司	
开　　本	710mm×1000mm　1/16	
印　　张	12.75	
字　　数	170 千	
版 印 次	2019 年 9 月第 1 版　2019 年 9 月第 1 次印刷	
书　　号	ISBN 978-7-308-19534-8	
定　　价	48.00 元	

总　序
从学术共同体到德育共同体

经历千年的风雨,大学从"象牙塔"成为"社会轴心机构",越来越深入我们的生活。对于大学的认识,无论是古希腊吕克昂学园中的辩论,还是中世纪宗教学校中的神启,或是现代大学中的诸多职能,都没有离开过对一个问题的探讨:大学何以使人过上有意义的生活?换而言之,对知识的习得,对道德的养成,对意义的追求,一直是大学难以割舍而又矛盾存在的"集合体"。那么,大学到底应该扮演一个怎样的角色?

布鲁贝克在《高等教育哲学》一书中指出:"大学确立它的地位主要有两种途径,即存在两种高等教育哲学,一种哲学主要以认识论为基础,另一种哲学则以政治论为基础。"认识论把"以'闲逸的好奇'精神追求知识作为目的",在知识和现实之间划上明确的界限;政治论把教育作为政治的一个分支,强调教育对国家、社会的深远影响。两种论点的背后,恰恰是对大学使命、目标、定位、功能的"合法性"论证和哲学化思考。高深学问的探讨是大学的源起和初心,是摆脱价值左右的"自由探索";而国家、社会对大学的深度关切和外部介入,随之而来的是价值问题,大学已经成为它们所服务的社会的不可分割的一部分。因而,在大学里存在着学术—市场、自治—共治、学术中立—价值选择等冲突,而且这些冲突在不同时代反复被提及,形成了大学的不同价值取向。

我们追溯大学的起源,"知识的探究"一直占据着灵魂地位,"知识的堡垒"也从未被攻破,知识的创造、生产、传播和继承是大学的核心使命。长期以来大学存在的合法性基础在于对知识的索求和真理的探究,而无关现实的生活和政治的价值。在这样的场所里,学生可以"自主地去学习",教师可以"随心所欲地去研究",这个团体充满理性和人文精神,而且又高度自治,是一个"学术共同体"的角色。然而,在全球化日益深入、互联网广泛应用、科技竞争日趋激烈的当代社会,大学教育不再被束之高阁,大学也不是"养在深闺人未识"的大家闺秀,而是更好地贴近市场、产业、生活的时代宠儿。正如联合国教科文组织在《学会生存:教育世界的今天和明天》一书中指出的:"社会已经连续不断地巩固改组它们的结构。……现在社会难道不应该把'学习实现自我'即人的教育,放在最优先的地位吗?"其实关于这个问题,联合国教科文组织在《学会关心:21世纪的教育》的报告中就给出过答案:"归根到底,21世纪最成功的劳动者是最全面发展的人,是对新思想和新的机遇开放的人。"

关于人的全面发展,马克思的经典著作中有大量的论述。马克思认为,人的全面而自由的发展是未来社会的价值目标,是实现人的发展的最高理想境界,并提出"教育与生产劳动的结合是培养全面发展的人的唯一途径"。纵观大学的演变历史,特定历史条件下的教育有着特定的价值和意义。柏拉图时代对"哲学王"的培养,中世纪对"僧侣、骑士"的培养,文艺复兴时期对"爱弥儿"的培养,工业社会对"良好的社会公民"的培养，都是特定社会标准下的教育，无不反映了教育对人的影响。面向新时代，经济、政治、文化诸方面的综合发展成为历史潮流，技术的进步让人摆脱自然的束缚和个体的局限，人的需求和能力得到极大的提升，自由、充分、个性的全面发展成为可能。在这样的时代里，培养适应现代生活、改造现存世界的人，让个体理解和选择有意义的生活，应该成为大学的核心活动。

从西方大学反观中国高等教育，近代中国大学发展一直受到两条逻辑路线影响：一条是以科学主义为主的西方高等教育，另一条是以人伦教化为主的传统文化教育。近代中国大学创办于救亡图存的危机年代，无论是中西学堂、南洋公学还是京师大学堂，无不以西学为榜样，设新科、启民智、重实用，在办学体系、课程内容、教学方法上大量模仿西方。中华人民共和国成立以来，高等教育的培养目标、教育理念发生变化，然而机械地照搬苏联模式，一度使大学丧失生机和活力。随着改革开放的深入和经济体制的转变，高等教育发展进入新的历史时期。人民群众对高等教育的需求不断高涨，西方先进教育理念的日益影响，使大学重新焕发生命力。在这条路线上更多是现代性的逻辑，隐约展现的是西方大学的身影（或镜像）。我们"洋为中用"，积极吸收西方一切先进经验和文明成果，从落后走向发展，逐步建立起与世界高等教育发展同步的理念、目标与方向。与此同时，在另外一条路线上，传统以"仁义"为核心的德育思想长期"统治"着教育领域，深深地影响着高等教育。《大学》开篇提到，"大学之道，在明明德，在亲民，在止于至善"，说明了教育的首要目的是培养社会发展所需之人。《论语》指出，"弟子入则孝，出则悌，谨而信，泛爱众而亲仁，行有余力，则以学文"，把道德修养放在知识学习之上，浸透着"修身"的价值追求。因而，在当代中国大学里，"培养什么人，如何培养人，为谁培养人"是教育的根本问题，"立德树人"是教育的根本任务，德育、智育、体育、美育的全面发展是教育的根本出发点和落脚点。尤其可贵的是，把"德育"放在首位，突出"德育"在人的全面发展中的核心地位和统领之义。正是这种儒家以德为首、融合全面发展的教育思想传统，创造性地塑造了大学作为"德育共同体"的角色。

但丁说过："一个知识不全的人可以用道德去弥补，而一个道德不全的人却难以用知识去弥补。"我们认为，从"学术共同体"到"德育共同体"，是对大学合法性基础认识的再深化、再发展。大学离不开学术，但是学术不是大学的全部；大学离不开政治，但是政治终究无法替代大学。中国特色的世界一流大学，应该是现代性的大学构架和道德性的文化传统交织在一起的时代产物，应该展现出多维度、多目的、多功能的教育生态，使大学真正成为生活的中心、社会的工具、思想的源泉和发展的动力，最终承担起"生命共同体"的角色。

教育实践本质是一种道德实践。当前，国家全面推进中国特色世界一流大学建设。对标世界一流大学的显性指标，我们充满信心，扎根中国大地的"特色指标"需要我们不断充实自身。我们也深信，德育一定是"特色指标"的题中之义，具有重要的现实意义。尤其在现代大学的开放办学中，在重视德育的优良文化传统中，在人的现代化不断丰富的过程中，"德育共同体"的理论研究和实践探索恰逢其时。为此，浙江大学德育与学生发展研究中心组织力量，从"德育共同体"的理论、体系、实践、案例等方面开展研究，形成了"德育与学生发展研究"系列丛书。丛书包罗德育养成和个体发展的多方面,既着眼于德育新要求,探讨"德育共同体"的生成、发展和趋势,构建德育工作的新理论、新体系;又面向学生发展新需求,研究"心理教育""创业教育""思政教育"等,探索德育工作的新方法、新路径。在丛书的编写过程中,我们坚持马克思主义人的全面发展理论,积极吸收和借鉴西方德育思想和有关理论,从学生主体全面发展的角度出发,试图在高等教育的内涵发展中审视德育体系的独特功效,摆脱长期以来德育与智育分裂、思政教育与专业教育割裂、道德养成与知识习得断裂的高等教育现状,为新时代高校德育工作的改革创新提供理论支撑、解决方案和本土样本,让教育真正回归初心、回到本位,让人们过上快乐、充实和有意义的生活。

　　是为序。

任少波

2018 年 8 月 8 日于求是园

序

　　1936 年 9 月竺可桢校长在浙大开学典礼上的讲话，抛出了对当时大学生的两个经典之问：诸位在校，有两个问题应该自己问问，第一，到浙大来做什么？ 第二，将来毕业后要做什么样的人？ 这两个问题一直被浙江大学铭刻于学校大门入口处，激励步入大学校门的学子们甚或教师和学校管理者们不断思考关于"人才培养"这一大学的根本使命。 时至今日，浙江大学人才培养目标逐渐演变为"培养德智体美劳全面发展、具有全球竞争力的高素质创新人才和领导者"这个目标对具有未来前瞻性思维、高层次人才的开放视野和卓越领导能力进行了清晰定位。

　　习近平总书记于 2018 年 5 月 2 日在北京大学考察时发表重要讲话，高瞻远瞩地首次作出了"教育兴则国家兴，教育强则国家强"的科学论断，强调高等教育是一个国家发展水平和发展潜力的重要标志，对中国要办出何种大学以及如何办出世界一流大学提出了明确要求，从理论和战略高度指明了新时代高等教育乃至整个教育发展的重大使命。 党的十九大报告也进一步提出了"建设教育强国"的战略任务，我国正在经历着从"穷国办大教育""教育大国"向"教育强国"转变的重要阶段，正在面向新时代建设培养全面素养的高层次人才,这就要求教育工作者不仅要关注教育的宏观情境转变,也要更加关注学生个体培养中的全面素质拓展和面向未来的全新能力开发。

本书作者提出了大学生的开放式领导力培养这一重要命题,正是对新时代人才培养工作的积极回应,从理论源出和实践真知中探究了大学生开放式领导力的内涵结构和影响因素模型,强调了在大学生成才过程中"专业知识和技能、通用技能、个人特质、开放式洞察力"这些开放式领导力要素之间的内在逻辑和重要效用,对于如何塑造和优化高等教育内外部环境,为大学生的成长提供优良场域亦提供了宝贵案例资料和理论思考。

作为本书作者博士就读期间的导师,我与郑尧丽老师相识已久,她在浙江大学教育工作一线开展教学工作多年,又在职业生涯中经历了浙江大学本科生教育管理、国际化工作推进等一系列教育管理工作,在多年实践工作中对人才培养及其管理工作积累了大量心得,对于大学生在开放式竞争环境中的领导力素养有着深刻的实践认识和深入的理论思考,这也是她进行博士论文研究的起始和获得理论突破的重要来源。本书对于高等教育管理者和一线教师认识、把握和领会大学生开放式领导力开发这一主题将会有较好启发,也将有效推进我国高等教育机构和国际学界对于大学生培养前沿话题的广泛探讨。

致天下之治者在人才,成天下之才者在教化。是为序。

陈　劲
2019 年 4 月于清华园

前　言

2014 年 9 月,李克强总理在夏季达沃斯论坛上提出"大众创业、万众创新",开创了激发民族创业精神和创新基因的新时代。随着世界经济一体化和教育国际化进程的不断加快,拔尖创新人才的培养已经成为每个国家提升国际竞争力的重要途径,也成为教育改革与创新的重要方面。为社会培养和输送未来领导者一直是高等教育重要的组织目标,许多国家和组织都把领导力看作一种应对竞争的优势资源,如何提升领导人才培养的质量是现阶段我国高等院校亟需关注的重要议题之一。高校进行大学生开放式领导力开发,是提升领导人才培养质量的关键途径。

2018 年 6 月的新时代全国高等学校本科教育工作会议上,陈宝生部长提出了把人才培养的质量和效果作为检验一切工作的根本标准,积极推进"四个回归"——回归常识、回归本分、回归初心、回归梦想,推动办学理念创新、组织创新、管理创新和制度创新,倾力实现教育报国、教育强国梦。[①] 紧接着,习近平总书记在 9 月召开的全国教育大会上发表重要讲话,强调我国的教育事业要坚持中国特色社会主义教育发展道路,培养德智体美劳全面发展的社会主义建设者和接班人。[②]

本书通过对领导理论、领导力理论、领导力培养理论以及开放式领导理

[①]　http://www.gov.cn/xinwen/2018-06/22/content_5300334.htm。

[②]　http://www.gov.cn/xinwen/2018-09/10/content_5320835.htm。

论相关文献的追溯,界定了大学生开放式领导力的内涵及其结构,在此基础之上,结合国外高校大学生开放式领导力开发实践的探索性案例分析,构建了大学生开放式领导力影响因素模型。针对影响因素模型中的八个因素,从校内、校外和个人三个层面出发,设计了问卷进行数据采集,并主要用因子分析法对数据进行分析,验证大学生开放式领导力的影响因素模型,并根据分析结果对初始模型进行了调整,同时,分别选取国内外两所高校进行大学生开放式领导力培养的实地考察,收集了大量一手案例资料,在此基础上,结合对影响因素模型进行实证分析后的框架,对案例院校在大学生开放式领导力的培养方面进行了详细的剖析。

在大学生开放式领导力结构要素、大学生开放式领导力影响因素以及大学生开放式领导力实践考察的基础上,本书提出了大学生开放式领导力的开发路径以及实施措施,主要成果包括:

第一,基于构建大学生开放式领导力结构模型的原则,对开放式领导力概念的界定以及国内外创造力、领导力模型的整合,本书将大学生开放式领导力模型界定为以下几个构成要素:专业知识和技能、通用技能、个人特质、开放式洞察力,这些开放式领导力结构的构成要素之间相辅相成,而非完全独立,每一个能力结构构成要素的提高都会对大学生开放式领导力的整体提升产生重要的影响。

第二,根据实地考察的案例分析结果,对初始模型中的八个影响因素——目标理念、课程体系、培养途径、教学形式、师资水平、与学校外部的互动、学生参与反馈和宏观环境——进行了调整,从学校内部、学校外部和学生个人三个维度提取了目标理念、培养方案、外部教育资源可获性、课外实践活动可参与性、学习应用能力、大学生开放式领导力特质、个人学习发展背景等七个公因子,共同对前文提出的专业知识和技能、通用技能、个人特质和开放式洞察力四个方面的技能产生直接或者间接的影响,并进而对大学生开放式领导力的开发和提升产生作用。

　　第三,以大学生开放式领导力影响因素模型为依据,结合国内外高校的实践,提出了高校大学生开放式领导力开发的具体路径以及建议措施:确立开放式的人才培养目标理念,制定开放式的人才培养方案,通过多种形式的途径培养大学生的开放式领导力特质,并根据开放式领导力培养的总体目标,考察学生的个人情况,制定相应的领导力培养策略,然后对大学生开放式领导力开发的路径及机制进行调整优化。

　　最后,提出了一个新的概念,即:大学生开放式领导力。本书的开放式领导力开发是宽专交人才培养模式的深化,所培养的人才具有广阔的视野、扎实的知识基础和特别善于应用专业知识解决现实问题的能力。这种开放式领导力是基于领导力概念、在开放式创新理论基础上提出的一种全新的领导力概念,对高校领导人才的培养有着一定的指导作用。

目　　录

第一章　概念提出

领导力和创新力是拔尖创新人才的重要素质。世界发展越来越趋向多元化、全球化,经济社会发展联动性很高,在这种发展趋势下,有学者(Marcy,2002)认为,提升大学生的领导力有助于民主社会的巩固和改善。世界发展日新月异,除了学识和技术能力,作为创新发展的推动力量,高校学生的专业技能成为关注的焦点。

20世纪80年代以来,以美国为代表的一些西方国家悄然兴起"大学生领导力教育"并日趋活跃,逐渐形成了21世纪高等教育发展中一个值得关注的新兴领域。有学者提出,领导是影响一个有组织的团体朝着既定目标活动的过程(Rauch & Behling,1984)。领导力是专业技能中的重要一项,无论是本科阶段还是研究生阶段的学生,存在于组织或系统中的各种变革,需要有个人的领导技能来进行有效处理。在未来的人才培养当中,作为一项必不可少的技能,领导力的培养必须被涵盖于高校学生的课程大纲当中。(Cox et al.,2009)2005年,美国社区大学协会(AACC)发布了一系列的领导技能,指出了在社区大学进行有效领导所应具有的技能、知识以及价值观,包括组织战略、资源管理、沟通、协作、社区大学意识以及专业人员的特质。

从我国领导人才的现实情况来看,我国各级组织和部门对于人才领导力的需求十分迫切,领导人员领导力的培训和提升成为机关企业的一项重点。从人才发展角度来看,领导力已成了未来人才必备素质。

第一节　背景阐释

（一）研究背景

高等教育为社会培养未来领导者的目标众所周知，即使随着高等教育的发展和扩张，这仍旧是高校一个重要的组织目标。在知识经济和学习经济时代，高等院校作为探索、传播知识以及开展科学研究的重要场所，已经成为社会的核心机构，大学所承载的社会责任和期望也随之变得越来越大。处于知识积累期的大学生，应当为自己未来的领导角色做好准备，事实上，教育是实现这个角色准备的绝好途径。通过加强高等教育提高国民的素质、探索前沿的科学知识、增强国家的综合实力已经成为世界各国政府国家战略规划。

近几十年以来，世界上对领导教育的兴趣和关注越来越浓厚，关于领导、领导力培养的论文和书籍也大量出现，许多国家和组织都把领导力看作一种应对竞争的优势资源，并不断增加对培养和开发领导力的投资。2011 年颁布的《国家中长期教育改革和发展规划纲要（2010—2020 年）》中，明确指出学生领导力等品质的培养是培养新时期社会主义事业建设者和接班人的必备条件。① 长期以来，领导力的培养与开发一直是高等教育的中心任务之一，尤其是高等教育发展比较靠前的国家，比如美国。作为教育强国，美国的高等教育在世界教育界的地位令世人瞩目，但为了能在教育创新上继续引领世界的发展，仍然通过提高入学率、完善学生资助体系、提高教育质量等措施保持自己的优势，而且不断强调美国高等教育的领导力。在政府部门的号召之下，美国各高校都在积极发展新的教学方法和教育技术，重写课程大纲，培养学

---

① https：//baike.baidu.com/item/国家中长期教育改革和发展规划纲要（2010—2020 年）/7276044？fromtitle。

生的创新能力和领导力,使全民和国家一直"站在知识革命的最前沿"(U.S. Department of Education,2006)。

在全球化时代保持高等教育的领先地位,是美国长期以来的愿望。根据 2006 年 2 月美国政府发布的《美国竞争力计划》(*American Competitiveness Initiative*,ACI),要通过加强科研投资、教育质量和人才培养从而继续在"基础研究方面领先世界、在人才和创造力方面领先世界"(罗晖,程如烟,2006)。美国工程院(National Academy of Engineering,2004)提出,培养的人才"……必须理解领导力的原理,并且能够在个人的职业发展中不断地实践这些原理,……高超的领导力还包括在工作中坚持很高的道德标准,并且培养职业主义意识"。

(二) 选题意义

1. 大学生开放式领导力培养是未来人才培养的主题

随着世界经济一体化和教育国际化进程的不断加快,拔尖创新人才的培养已经成为每个国家提升国际竞争力的重要途径,也成为教育改革与创新的重要方面。

作为新时代的要求,领导力培养是我国高等教育一个重要目标,从这个意义上来说,高校扮演的是一个推动者的角色,协助并培养学生成长为完善的领导者。Astin(1984)[①]指出,学生领导力开发就是这样一个过程,在这个过程里面,学生置身于变化当中,通过不断地接受挑战获得更复杂的行为能力。学生的大学生涯、他们所参加的大学活动以及这些活动的特征对他们的成长有着至关重要的潜在影响。在学生的成长积累中,作为大学的责任,学生的领导力培养是学校需要首先考虑的问题。高校不但承担着培养政府机关、商界、科学界、法律界、医疗系统以及其他重要行业未来领导者的责任,也

---

① Astin,A.W.Student involvement:A developmental theory for higher education[J].Journal of College Student Personnel,1984,25:297 - 309.

在为整个教育界培养人才,这些人才将制订整个学界的课程大纲。无论如何,高校是培养"未来领导者"中心。

随着对学生领导力关键作用认识的提高,当前我国许多高校开展了领导基础课程与实践教育,一方面将领导课程教育整合到通识教育中去;另一方面,开展了一些实践的课外活动,开始重视发挥学生社团活动在大学生领导力培养中的作用。清华大学成立了领导力研究开发中心,开设了一系列领导力开发的基础教育课程,并将部分课程列为必修的素质核心课;浙江大学制定了"造就具有国际视野的高素质创新人才和未来领导者"人才培养目标,接着,把人才培养目标调整为"培养德智体美劳全面发展、具有全球竞争力的高素质创新人才和领导者",相应开设了领导力开发的基础课程作为通识教育课程,还通过举办"大学生领导力培养系列讲座",推动领导力教育。复旦大学、西安交通大学、华中科技大学、中国人民大学等高校也非常重视大学生领导力的培养,积极开展大学生领导基础教育,使大学生形成自我意识,增强自知能力,培养领导技能,培养服务意识,了解公共政策,具备领导认知领域的知识素养。领导基础教育的开展为大学生领导力培养奠定了基础。

但是必须看到,我国高校领导力的培养仍然存在很多困难和问题,大部分高校还不具备科学有效的培养体系。与美国等发达国家的整体教育水平和培养体系相比,我们高校的学生领导力培养总体能力和水平还存在很大差距,领导力培养还是仅限于一些基础的课程设置上,对于真正地培养具有创新性的领导人才,还需要在对领导和领导力理解的基础上,更进一步地对此进行科学的组织与实施。

大学生领导力的开放式培养是本书基于开放式创新理论而提出的。开放式创新是由 Chesbrough 教授于 2003 年提出,主要面对的是企业,让企业通过利用和整合内外部创新资源,整合各方面的科技力量,形成合力,以提高创新效率,让企业上到一个全新的台阶。这是继 20 世纪初 Schumpeter 提出创新这一概念以来一个最具有实践生命力的主题。Chesbrough 把传统的创新范式称为封闭式创新,其主要特点是对创新进行严格控制并进行纵向整合,而开放式创新模式则由企业同时利用内部和外部相互补充的创新资源实现创新,在创新的各个阶段与多种合作伙伴进行多角度的动态合作。

　　大学生开放式领导力的培养与开发就是基于开放式创新理论的一种全新的人才培养模式。本书认为,人才的培养主体,即高等院校的组织边界是可以渗透的,对人才进行多角度、全方位地培养,其创新思想可以来源于高校内部,也可以来源于高校外部,强调高校内外部之间的整合创新合作,使内外部的因素都为培养大学生的领导力"服务",达到开放式培养的目标。

2. 大学生开放式领导力培养是高校教育职能广泛与完善的本质反映

　　对领导的理解直接影响到如何培养和发展学生的领导力。长期以来,有一个问题是在对领导力发展研究过程中人们一直为之争论不休的:"领导者是天生的,还是后天培养的?"当前西方学界大多把领导理解为个体或者群体影响某个群体实现共同目标的过程,是实现有效的、积极的社会变革的合作过程。当代英美学界比较一致的看法是:尽管可能存在人类遗传基因的作用,但是领导力是可以进行开发发展的,而且这个开发发展过程从人的生命早期就开始了。(Grill,2006)

　　大多数研究领导力教育的学者都强调领导潜力是每个人都具有的,我们的学生更是具备了很高的领导潜能,通过适当的教学手段,可以最大程度地发掘这些潜能,将学生培养成为各个领域的领导者。有学者(Watt,2003)从学习的角度明确指出:"当今,关于领导力的可学习性已经达成了共识。"更重要的是,在培养新时期高校人才的过程中,我们要让学生承担起社会责任,以社会发展为己任,在更广阔的范围内发挥和扩展这种领导力,提高产品开发能力,用开放式的途径对领导人才的开发和领导能力的提升进行多个角度的培养,引领国家创新和综合实力的提升。领导力的培养计划对毕业生的能力提出了很高的要求,实习使毕业生了解了团队和企业领导的工作和责任,对生产流程也有切身的体验,在进入职场以后可以比较容易适应新的环境,发挥领导力的作用。

科学技术的飞速发展、社会变革的进一步加剧,促使职业领导者更进一步地运用开放式理论,从各个渠道吸收信息,发挥开放式领导力的功能,以最终达到组织目标。Charlene Li(2010)对开放式领导力下的定义中最关键的因素是"自信"——要有自信并且足够谦逊,放弃控制的权力,因为试图去控制往往是人们失败的原因,同时,激发员工为实现组织目标而奋斗的决心。这是高校为社会输送的领导人才所需具备的关键能力。从高等教育职能的目标和功能上看,高等教育本身就具有传承人类文明、促进经济发展的双重功能,为社会培养和输送优质人才是实现功能的基本途径之一。在现代社会中,高等教育除了保留了传统功能外,其专业化程度和社会经济特征日益明显,高等教育不仅要使已有的知识不断延续,还要使受教育者获得各种有用的能力,使这些能力一方面成为受教育者在日后社会经济生产活动中谋生和为社会服务的必要手段,另一方面,意义更为深远的是,这些能力将带领着引领整个组织甚至整个国家的未来发展。因而,高等教育培养有竞争能力、创新性、出色的领导能力的大学生是其职能广泛与完善的本质反映。

第二节　核心命题

本书的研究核心是大学生开放式领导力,在解析大学生领导能力结构以及大学生开放式领导力影响因素之前,需要对该命题进行界定。

1. 大学生

大学生是一个包罗范围较广的概念,一般词典对大学生的解释就是指在大学注册学习的学生,通常指专科生和本科生,有时研究生也会被包含在内。但对于本书来说,研究的对象主要是在高等学校接受本科教育的本科生。

2. 大学生开放式领导力

随着社会变革进一步向着纵深发展,环境的开放性也得到了进一步的显现,这种发展和显现反映在领导力上面,就是领导力内涵的演变,开放式的环境对领导力提出了开放式的新要求,本书所提出的开放式领导力概念即基于此。2006 年,北京大学 EMBA 学生赴纽约进行了关于领导力的实地考察,考察报告中提到的最突出的感受是:视野影响态度,态度决定行为,国际化的领导力,需要国际化的视野、包揽全球的胸怀、兼济天下的人文精神。

本书提出的开放式领导力的培养,指的是宽专交人才培养模式的深化,所培养的人才应该具有广阔的视野、扎实的知识基础和特别善于应用专业知识解决现实问题的能力。这种开放式领导力是基于领导力概念、在开放式创新理论基础上提出的一种全新的领导力概念。从企业组织的层面上来说,开放式创新模式意味着有价值的创意可以从公司的外部和内部同时获得,其商业化路径可以从公司内部进行,也可以从公司外部进行。(Chesbrough,2003)这是 Chesbrough 针对美国具有很强研发能力的大企业中存在的 NIH(Not invented here,非此地发明)的传统观念而提出的。本研究根据 Chesbrough 开放式创新的内涵,提出开放式领导力的概念,这个概念进而与大学生这一群体相结合,就是本书所关注的大学生开放式领导力概念。

本研究对大学生开放式领导力的另一个理解是对领导力的开放式理解。Astin 等(2000)认为,同领导关联着变革这一观点相一致,我们认为"领导者"从根本上来说是一个变革因子,比如,"一个推进变革的人"。就此而言,领导者并非必然是那些占据着正式领导岗位的人,相反,所有人都是潜在的领导者。在美国,随着特质理论学派的式微,领导者正日益被认为是每个人都可以承担的角色。领导者和追随者的角色可以随着场景和事件的变换而转换。群体中的有效参与者能够在领导者和追随者的角色之间自如切换。(Colvin,2003)

基于对领导力的这种开放式理解,本研究提出大学生开放式领导力的概念。

3. 大学生开放式领导力开发

大学生开放式领导力开发的关键途径是领导力的开放式培养,本书的领导力开放式培养主要指的是:高校在培养大学生领导能力的过程中,同时利用高校内部和外部资源,以及内外部相互结合、相互补充的资源,实现人才培养的目标。大学生领导能力的获得可以从多个渠道,通过各种途径来进行,包括为培养目标设置相应的培养计划:特殊专业和个性专业,特殊人才培养计划,通识教育,教师团队多样化,第二课堂(科研训练,实习项目,国际化交流,暑期学校),等等。可以通过考察大学生领导力教育的多个方面来对此进行评估,如组织形式、招生制度、课程设置、培养计划、教学形式、教学管理以及师资队伍等。

本书提出的开放式领导力的培养与开发,是宽专交人才培养模式的深化。当前大学生领导力的开发与培养已经形成了一种趋势,美国高校在这方面处于绝对的领先地位,而国内高校也正在越来越重视对未来领导人的培养。领导力涉及情感、个性、思维方式、技能等各个方面,是一种综合能力,而大学生正处于人生观、世界观确立的关键时期,可塑性极强,并且从教育学的角度来看,培养大学生的领导力,具有非常强的可行性和有效性,相对于组织或者企业中的成年人而言意义更为重大。另一方面,领导力培养与开发早已不是某些领导者的特权,人们的普遍预期是每个人都存在着成为优秀领导的潜质,领导力的开发被理解为大众化教育的一部分,高校作为同时具备理论与教学优势的场所,是开展大学生领导力开发的绝佳场所,这是为社会输送高质量人才的必要途径。

美国的创新领导中心(The Center for Creative Leadership,CCL)在对领导力开发进行定义时,强调了完成集体领导任务所需的组织成员集体能力的发展,这些任务包括确定方向、创建合作和维持组织成员的忠诚与承诺。在领导能力的培养与开发上,需要考虑的是一种综合的协调能力,包括培养个体与个体之间的联系、组织内部各团队之间的联系、组织与其关键部门和股

东之间的联系。(McCauley & Velsor,2004)

一些学者把"开发"定义为"在多次的学习经验中获得长期而持久的改变或进化",并在此基础上提出了围绕学习的领导力开发三方面内容:(1)受训者以往的学习经历;(2)受训者学习的能力,这是一种集动机、个人取向和技能的综合能力的开发;(3)组织层次对受训者学习的支持。这三方面内容可归结为领导力开发的简单战略:"提供大量的开发经历,确保高水平的学习能力以及创造可以促进领导力开发的环境。"

这种对领导力的开放性理解,拓展了领导力开发的对象和范围,领导教育不再是少数人的专利,而成为每个人都有机会享受的权利。凯洛格基金会(W.K.Kellogg Foundation)评估报告指出,必须拓宽领导者的外延,这样才会有更多的美国人被武装起来,在未来的社会中发挥领导作用。美国公众觉察到了国家的领导危机,主要的公共和私立机构似乎越来越在日益增加的社会和经济问题面前无能为力,而个人日益对政府持批判态度。因此需要新一代的领导者在地方、国家和国际事务领域带来积极变革。[①] 我们寻找一种培养青年领导人才的更有效方法,既需要设计教授关键领导技能的新方法,也需要拓展对领导内涵本身的认识。更重要的是,我们需要把领导视为一个推动有效、积极社会变革的合作过程。(Zimmerman-Oster & Berkhardt,1999)对于大学生来说,这就是大学生开放式领导力开发的基础,具有重大的实践意义。

开放式领导力认为,领导力虽然具有一定的独立性,但是其强度往往受到许多具体的能力或要素的影响,如领导者的沟通技能、思考能力、决策能力等。另一方面,领导力不是一成不变的,诸如领导环境以及追随者的意愿等因素都会对领导力的开发产生一定的影响,因此,在大学生开放式领导力的开发过程当中,还需要提升大学生的道德感召力、人际关系处理能力以及对

---

① 凯洛格基金会在1999年出版的关于所资助的31个大学生青年领导力教育项目的评估报告《培养领导:美国大学领导力开发计划的影响与启示》。

环境的适应性,等等。而从领导力发生的层面来说,随着全球化、信息化、一体化时代特征的进一步凸显,领导不仅仅是一种简单的个人行为,已经具有明显的综合性和动态性,因此,大学生领导力开发的主体可以是个体,也可以是组织,即组织层面的"组织领导力"。在开放式的领导理论当中,领导力被认为是一个贯穿人们一生的持续学习的过程,在这个过程中,知识和经验不断积累,进而产生更高水平的知识和成长。

基于大学生开放式领导力的概念,结合领导能力开发的界定,本研究将大学生领导力开发界定为高校通过开发目标设置、开发环节实施和开发结果评估来进行大学生开放式领导力的系统培养,使得大学生获得进行职业选择和个人职业生涯发展所需的领导能力,包括知识、技能和态度等。

第三节　意义构建

1. 有利于高等教育质量的提升

大学生一直是社会的精英,开发领导人才的一支重要的人力资源力量,为社会培养、输送优质的人才是高等教育系统中高校的重要任务之一,在这个以变革和多元为主要特征的世界环境中,仅仅具备专业的技能已经不足以应对职场上的复杂情况,领导力是一种必要的资源和竞争优势,青年学生的开放式领导力有助于他们更好地适应社会,提升他们的就业能力和创业能力。美国全国大学和雇主协会(NACE)曾在2000年开展过一项研究,发现雇主所希望大学毕业生具备的最重要的技能包括:人际交往能力、团队工作能力、口头和书面沟通能力、分析能力、计算能力等,这些技能大部分都与领导力相关。

大学生领导力的高低直接体现了学校的办学水准,它是高等教育质量的评价指标之一。大学生开放式领导力的培养关系到高等教育的发展,高校能否为社会输送优秀的人才是实现其基本职能的体现,大学生能否顺利就业并获得职业的成功发展,直接反映出高等教育质量的高低水平。高等学校作为培养大学生的主体,提升大学生领导力是其责任与义务。在当前我国的国情及社会条件下,大学生开放式领导力的培养是对以往教育的重新审视,对高等教育理念的重新阐述和概括,更具体、更微观、更直接、更形象地明确了学校的人才培养任务、社会对高等教育质量的评价,使高校人才培养目标与社会对人才的需求条件相吻合。所以,大学生开放式领导力的培养是关系到高等教育质量进而关系到其发展的问题。因此对于高校来说,大学生开放式领导力应成为提升高等教育质量的一个重要途径和一个重要的研究课题。

2. 有利于提升学生的公民素质

领导力自从在学界被提出以来,其本身的定义一直在不断地拓展,它已经被视为一种促进积极有效的社会变革的合作过程,是任何人都需要而且能够养成的能力。有学者(Marcy,2002)认为,在多元化、全球化的世界发展中,在高联动性的经济社会发展下,提升大学生的领导力有助于提升学生的公民素质,使得民主社会得到巩固和改善。民主政治需要有教养的公民,而教育的要义在于培养公民。民主社会的教育价值不在于发展具体的技能,而在于培养真正有教养的公民。

领导力作为一种综合素质,在美国已经被视为国民的基本素质,被列为高校基础教育的内容。多元和变革的社会需要各个层面的领导者,而每个公民都是潜在的领导者。面对全球化浪潮和多元文化交汇对各层面有效领导者的期待,美国大学认识到培养"能够将世界眼光有意识地整合进对社区和世界生活的研究中的全球思想家",能够"把对伦理标准与道德推理的信仰融入生活和工作的点点滴滴",使他们能够在全球背景下交接不同文化是必要的。(Greater Expectations National Panel,2002)同时,随着西方学者对"领导"内涵认识的不断深化,领导力本身的定义在不断拓展的过程中日益被视为一种角色、一种过程，"之所以用角色一词，是因为在日常生活中，我们可能会在某种场景下扮演领导角色，却在另一些场景下扮演追随者的角色。扮演领导角色的人总是先行带路，并积极鼓动他人参与。随着事件的转换，领导角色可能从一个人转移到另一个人。群体中的有效参与者能够在领导、追随者角色之间自如切换"（Jones，2005）。

另外，大多数领导教育学者都强调每个人都具有领导潜力，都需要而且能够养成领导力，"每个人都需要学习重要的领导技能，以便领导在各个方向发生，而非总是自上而下"（Jones，2005）。因此，越来越多的美国大学把培养人的领导力视为教育的重要目标。在这种背景下，领导力教育日益成为高校教育的有机组成部分，目的是培养学生有意识地参与领导过程。如拉文大学的"领导教育与开发"项目设立于1985年，其初衷就是通过向学生提供获得有效领导力所需的技能、知识和经验来促进他们的发展。因此，民主社会需要有教养的公民，而在当今多元社会中，每个公民需要发展自身潜在的领导力。就这个意义而言，对学生领导力开放式培养的研究已经成为提升学生公民素质、开展公民教育的重要途径。

3. 有利于高等教育创新机制的完善

我国高等教育在近几十年来取得的进展为世界瞩目，但是，从大学生的整体素质来看，我国大学生在领导力、创新意识和创新能力等各方面，跟世界许多其他高校学生的差距仍然十分明显。该状况产生的原因是多方面的，但其最直接的原因是我国高校现行人才培养模式存在的问题，是我国高等教育体制和高校内部机制弊端的反映，也表明高校内部改革的导向缺乏或不明确。当前，以传授知识为中心的传统教育仍旧占相当重要的地位，在整个过程中扼杀了学生的学习主动性，束缚和压抑了学生的领导力和创新能力。而高校以学科为中心的分科教育，非常不利于培养学生综合运用知识分析问题和解决问题的能力，尤其是科技教育和人文教育的割裂，导致学生的逻辑思维和形象思维能力无法得到协调的发展，使培养的学生知识面狭窄，综合的领导能力缺乏。

　　自改革开放至今,高校内部管理体制和机制改革一直是高等教育体制改革的一项重要内容。改革的目的就是要使高等学校内部管理体制更好地适应高等学校使命和任务的变化,适应社会主义市场经济体制逐步建立对高等教育体制特别是高等学校内部管理体制的要求,更好地实现高等教育的社会职能。因此,对学生领导力开放式培养的研究可以被视为推动高等教育创新机制重要的教学改革途径,能加深学生对成人世界的理解和认同,增加学生继续学习、通过各种途径提升自己综合能力的机会。

第二章　理论演绎

第一节　学术回顾

　　本章将围绕第一章提出的研究问题,对本书所涉及的主要理论基础及相关研究进行综述,对领导理论、开放理论、本科生培养理论进行梳理,从而厘清本研究与现有成果之间的理论继承、完善和拓展关系。

　　本节将为我们针对学生领导力的理解提供一个全面的展示。虽然对于本科生开放式领导力培养的相关文献非常少,但是对于相关领域的综述也将为本研究提供一个良好的空间。

　　当前针对领导的研究主要有两种:关注个人的研究和把领导看作一种过程的研究。第一种视角认为领导者拥有某些特质可以影响团队达成目标,这种视角把领导力看作一种能力的组合,包括天生的能力、个人才能和自信,而第二种视角则认为领导是一种涉及领导者和追随者的合作过程。(Astin,et al.,1996)在第二种视角看来,领导的关键在于领导者和追随者之间的相互作用和相互影响。(Burns,1978;Greenleaf,1977)

　　在本研究中,"领导力"被理解成为行为和价值的组合,也就是说,领导力是由这两部分组成的:一种如何使别人愿意为了共同的理想而奋斗的艺术

（Kouzes & Posner,1995），以及如何运用个人哲学跟他人一起为了有价值的改变而进行有效地工作（Komives,et al.,1998）。行为成分关系到谁愿意担当这个领导职位，以及此人如何进行领导行为；而价值成分则关系到领导的动机以及为什么要承担这个领导职位。

很长时间以来，领导一直被认为是简单的、可以预测的，而且是一种不复杂的构成——一种领导个人所做的事——而现在，我们对于领导的理解则从这种个人观点演变成为一种多方面的、群体性的行为，涉及领导本身以及追随者们。（Yukl,1994）

领导理论可以分为传统理论和非传统理论（Rost，1991；Faris & Qutcalt,2001）。传统的视角认为领导行为是个人做的一些事，而非传统的视角则认为领导行为还涉及其他人。这是一个进步，从认为领导行为只涉及单个承担某个职位的人，到认为领导行为是一种群体过程技巧，无论有没有职位，所有的人都可以得到培养，从"我"转化为"我们"。

（一）领导理论研究评述

作为现代领导理论的创始人，Burns(1978)给领导下的定义是：领导是领导者及其下属为了某种目标所做的行为，这些目标代表领导者及其下属共同的价值观和动机（理想、需要、志向和期望）。作为一个概念，自从 14 世纪开始，领导就跟语言联系在一起（Komives,et al.,1998），直到 20 世纪早期，领导学才开始被纳入学术研究的领域。

1. 领导的概念

在许多国外文献当中，leadership 被用来指代"领导"。"leadership"英语词典里的解释有"the qualities necessary in a leader"（领导者的必备品质），也有"ability to lead"（领导的能力）。根据具体的语境，本研究用领导或领导力来表述"leadership"，意为实施有效领导所必须具备的能力。

大学生领导力培养的核心概念就是领导。有关领导的研究是一门新兴学科,而领导这一概念一直在不断地演进。研究者通常按照个人的简介和他们最感兴趣的方面去定义领导。

领导学的概念最早是从管理学中细分出来的,是管理学的分支学科。因为人们发现领导的作用不同于管理,管理是可以在固定要求之下完成既定的任务,而领导更多的是面对不可预知的复杂情境所需要具备的能力。(翁文艳,2008)

对于领导的理解,研究者有着各种不同的表述。Burns(1978)认为领导是个人指导一个团体朝着一个共同的目标活动的行为,对组织日常活动产生机制性的影响,是个人运用制度、政治、精神和其他的资源去激起、促使和满足追随者的动机。领导是"个人影响、鼓动和促使其他人奉献于组织的效能和成功的能力"(House,1997),是在能实现的事情中阐明愿景、赋予价值和创造环境(Richard & Engle,1986),并运用外界文化使之更具有适应性变化的能力。Daft(2005)认为领导是存在于领导者与其追随者之间的一种有影响力的关系,在这种关系中,双方都寻求改变并期待其结果能够反映他们共同的目标。

据美国领导学的研究者统计,世界上当前关于"领导"的定义超过了300种。虽然领导仍然被认为是一个让人捉摸不透的概念,但是,大多数领导定义反映这样的假设,它涉及一个过程,一个人对其他人施加有意识的影响,去指导一个团体或组织中的活动并构建和促进他们的关系。Yukl(2002)在考察领导的多个因素后认为,这些因素决定一个团体或者组织的成员,在完成有意义任务的过程中,能否成功地做到齐心协力,给出了这样一个领导的定义:领导是让其他人理解和同意必须去做什么和如何有效地去做的过程,以及促进个人和集体努力去实现共同目标的过程。

2. 领导理论

领导这个单词包含的是一个强有力的个人形象,充满着活力,代表着一种复杂的人类社会现象,并含有多个维度,正是因为这种复杂性,让研究者们从不同的角度对其进行了研究,并不断地创造和提供进一步探索的空间。研究人员以不同的取向对领导理论的理解进行阐述,在这当中,社会环境的发展和变迁对领导理论的演进产生了重大的影响,由此,想要提取影响领导力培养的相关因素,可以围绕领导理论的发展轨迹,在此基础之上,可以获得研究学生领导力培养模式相关问题的基石。

领导理论的发展经历了一个过程,包括特质理论、风格理论、权变理论和新领导理论。由于社会环境对领导理论发展的影响,本研究按时间顺序对领导理论的发展做一个简单回顾。

(1)20世纪初,人们对领导进行的系统研究最早的尝试之一就是建立在伟人基础上的特质理论,领导能力被归功于个人,所以领导特质理论有时被称为伟人理论。苏格兰哲学家和历史学家 Thomas Carlyle 曾经这样说道:"他们(领导)的道德特质可以是不尽完美的,他们的勇气可能不是最为基本的因素,但他们仍然是出众的。人们对他们敬若神明,去追随他们,崇拜他们。"Carlyle 把人类的历史看成那些领导者们的传记,在他看来,领导者是在普通的群众中涌现出来的兼具光环与学识,并在权力、勇气和领悟能力等方面有着超常禀赋的个人。在这里,领导者被认为是领导的关键,这种强烈的"伟人"视角认为历史是由那些超凡的个人塑造的。(Bass,1990)伟人理论认为把领导者和非领导者区分开来的是某些与生俱来的特质。

领导特质理论提出了一个假设,即与众不同的生理和心理素质可以解释领导力的差别。所以领导研究者的重点是确定那些与领导相关的特质,早期的领导特质理论强调了领导活动卓有成效的关键在于具有一定的特质。(彼得·诺斯豪斯,2002)Robert McCrae 和 Paul Costa(1996)提出了"大五"人格模型(Big Five Model of Personality),基于可靠的研究支持,该模型是使用最广的划分个人类型的方法,它不受年龄、性别、种族和语言影响(见图2-1)。"大五"人格模型致力于将人们的大多数特质划分为外倾性、随和性、情绪稳定性、责任心和经验的开放性五个维度,每个维度都包括多种特质;这一模型为许多领导者特质研究奠定了理论基础。外倾性人格维度包括领导和进取特质;随和性人格维度包括与他们和睦相处的特质;情绪稳定性人格维度包括与情绪稳定相关的特质;责任心人格维度包括与成就有关的特质;经验的开放性人格维度包括乐于尝试变革以及体验新事物的特质。

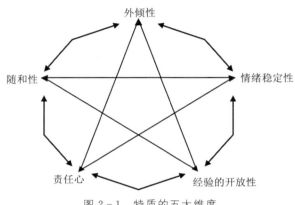

图 2-1　特质的五大维度

Northouse(2004)从领导特质研究中总结出了 5 种最重要的特质:智力水平、自信心、决心、正直和社会交往能力。Zaccaro(2001)对 1990 年至 2003 年间的领导者品质研究进行了归纳,总结出以下 6 项关键的领导者品质:认知能力、个性、动机和需求、社会能力、解决问题的技能以及默会知识。Stogdill(1948)考察了 100 项有关特质理论的研究后指出,有几项特质与有效领导相关,包括较高的智力水平、主动性、人际交流能力、自信、愿意承担责任以及诚实正直。但是,Stogdill 的研究也表明特质的重要性是与情境相关的,在一种情况下对领导者成功至关重要的特质,在另一种情况下很可能与领导者的成功无关。因此,拥有某些特质并不能保证领导者获得领导管理上的成功。

20 世纪中期开始,领导特质理论的缺陷日益显现。描述性的领导特质研究无法明确界定领导以及关于领导与领导者特质关联的前提假设(Antonakis,2005),由于研究结果存在着随意性和不确定性,这使得特质的数量无穷无尽,而不同的领导情境中领导特质与领导效能无法保持一致,其普遍性受到质疑。研究者开始把情景因素和追随者因素综合到影响领导行为的因素中。然而随着魅力型领导理论的兴起,魅力型领导理论提出的模型都强调了某些能激发强烈追随行为的特定领导者品质,如认知能力、自信、社会化的权利动机、冒险精神、社会交往技能和抚育性。近来对于情商的研究兴趣也重新显示了特质理论的价值。Bass 和 Stogdill(1990)根据研究者多年的特质研究得出的结果,给出了一些个人特质及其所属的类别(见图 2-2)。

个性特征 精神饱满 富有活力 **智力和能力** 聪明、有认知力 有知识 有判断力、决策力 **个性** 自信 诚实和正直 热情 有领导愿望 独立性	**社会特征** 社会性、人际交往能力 合作精神 有合作能力 机智、灵活的交际手段 **与工作相关的特征** 有追求卓越的愿望 有完成目标的责任感 遇到困难时坚忍不拔 **社会背景** 教育 流动性

图 2-2　领导者的个人特质
资料来源：Bass & Stogdill,1990

　　(2)20 世纪 40—60 年代,由于特质理论存在着缺陷,而且无法完全解释有效领导的形成原因,研究人员开始关注领导者的行为,希望从领导者的行为上找到有效领导的关键之处,行为理论由此产生。领导行为理论的兴盛期从 20 世纪 40 年代后期一直到 60 年代后期,研究者关注的是高效领导者和低效领导者在行为上的差异,并试图找出适合所有情境的最佳领导风格。该理论强调领导者对待下属的行为,解释领导者在实现目标的过程中如何把任务行为和关系行为结合起来影响下属。

20 世纪四五十年代较具代表性的领导行为研究是俄亥俄州立大学和密歇根大学以找到高校领导者的行为特征为目的所建立的领导力模型。在 Rensis Likert 的领导下,密歇根大学领导力模型确认了两种领导风格:以工作为导向和以员工为导向。在 Ralph Stogdill 的主持下,俄亥俄州立大学领导力模型在两种领导类型维度,即创建结构和关怀行为的基础上,确认了四种领导风格:低创建结构和高关怀、高创建结构和低关怀、低创建结构和低关怀以及高创建结构和高关怀。创建结构式领导风格与密歇根模型中以工作为导向的领导风格一致,关注任务的完成;关怀式领导风格与密歇根模型中以员工为导向的领导风格一致,关注满足员工的需求和发展良好关系。在这两所大学的模型基础上,研究者创建出了工作为导向与员工为导向这两种衡量维度。但是,结果和研究者的预期一样,人们无法找出能够适用于所有情境的最佳领导风格。

1964 年,得克萨斯州立大学的 Robert Blake 和 Jane Mouton 发表了管理风格理论,该理论于 1991 年被修改为领导风格理论。领导风格理论的理论基础就是俄亥俄州立大学和密歇根大学的两种领导力维度。以关心生产和关心人为两轴,每轴以 1～9 的数值来标注,共有 81 组可能的组合方式。根据领导者的不同取向,产生了 5 种重要的领导风格:权力顺从型(9,1)、乡村俱乐部型(1,9)、贫乏型(1,1)、中庸型(5,5)和团队型(9,9)。(Christopher,2007)

Adair 扩展了关心任务和关心人这两个维度,把关心人的导向细分为关心个人和关心团队两个导向,开发了"以行动为中心的领导",认为有效的领导者应考虑三个层面的需求:工作任务、团队和个人,这三个层面的需求越平衡,重叠得越多,领导就越有效。(Gill,2006)而密歇根大学的研究中,Rensis Likert 也同时提出了三种领导行为:以工作为导向的行为、以员工为导向的行为和参与式的领导。Likert 被认为是第一个找到并确定当前广泛使用的参与式领导风格的学者。

领导行为理论的主要贡献就在于找到了领导行为的两个通用维度,在理论效力的考察过程中,行为理论仍旧起着重要的作用。但是,用来判定最佳领导风格的研究工作往往没有定论性的结果,而且判定领导效果的标准各不相同,这就引出了领导的权变理论。

（3）20 世纪 60 年代开始,研究人员在通过特质理论和行为理论探索最佳领导风格无果以后,开始关注情境因素对领导有效性的影响,这就是权变理论或者说情境理论的产生,权变理论也就是领导匹配理论,认为领导者的风格与具体情境的匹配程度决定了领导的有效性。

作为权变理论的代表人物,Fred E. Fiedler(1967)于 1951 年开始研究情境领导理论,对情境变量与领导特质和行为如何产生交互作用进行阐释,并称之为"领导效力的权变理论"。领导的权变理论可以用来判定个人的领导风格是任务导向型还是关心导向型,以及判断情境（领导者—成员交换关系、任务结构、岗位权力）是否符合该领导者的风格,从而能够将绩效最大化。(Christopher,2007)换句话说,采用 Fiedler 理论时,领导必须明确两件事情,首先,必须了解自己属于关系导向还是任务导向,合作伙伴问卷图表（Least Preferred Coworker,LPC）被用来测试领导风格;其次,领导者必须会分析环境,了解领导者—成员关系、任务结构和职位权力是否有利于自己的领导。

House(1994)提出了路径—目标理论（Path-goal Theroy）,该理论可以用于解释领导者如何通过选择特定的行为措施,帮助下属通过一定的路径实现目标,领导者所选择的行为措施应最适合下属的需要和下属的工作环境。根据这一理论,领导者的责任是增强下属的动力,使他们能够实现个人目标,从而实现组织目标。这一模型包含了 3 个权变因素:领导风格、追随者和环境、满足追随者需要的奖励,并认为领导者会调整自己的行为来适应环境,领导者行为分为支持型行为、指导型行为、参与型行为和成就导向型行为。另外,Vroom-Jago 权变模型（Vroom-Jago Contingency Model）着重分析不同程度的参与型领导,以及不同程度的参与如何影响决策的质量和可靠性。Hersey 和 Blanchard 提出的情境领导理论（Situational Theory）是领导风格理论的延伸,这种方法着重研究追随者的特征,将其作为环境因素的一个组成部分,被认作是有效领导行为的决定因素之一。该理论的核心是根据追随者的主动性程度来选择适合的领导方法,追随者的主动性是由其受教育程度、技能、经验、自信心和工作态度决定的,与主动性的提高相对应,领导风格分为命令型、劝说型、参与型和授权型(见图2-3)。

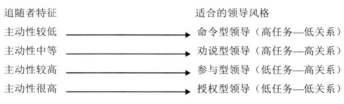

追随者特征 　　　　　　　　　　　 适合的领导风格

主动性较低 ⟶ 命令型领导(高任务—低关系)

主动性中等 ⟶ 劝说型领导(高任务—高关系)

主动性较高 ⟶ 参与型领导(低任务—高关系)

主动性很高 ⟶ 授权型领导(低任务—低关系)

图2-3　Hersey 和 Blanchard 的情境领导理论

资料来源:Richard L.Daft,2005

　　根据最新的权变研究,人们发现环境变量已经替代了领导或削弱了组织对领导的需要,在某些环境中,任务导向和员工导向的领导方式都不太重要或者没有必要。Kerr 和 Jermier 提出的领导替代理论认为,有许多情境方面的因素会降低领导重要性,比如下属、工作任务特征、追随者特征以及组织因素等,如果下属的受教育程度很高、具有很强的专业技术、知道怎么完成任务,那么就不需要领导者为他们勾勒出任务结构并告诉他们应该怎么做,而长时间的教育可以培养个人的独立意识和自我激励。所以工作设计、奖励系统、非正式的同级领导和自我管理等因素可以替代领导者对下属的影响。(Gregoire,2004)

　　情境因素对领导的主要影响使得后来的研究人员大多将情境维度纳入了领导研究的范畴。然而,随着对领导权变理论研究的深入,领导研究的范式开始发生转向,研究者们从关注小群体的领导转向了关注整个组织的领导(Storey,2003),并且开始把眼光转向组织外部的情境变化,关注点不再只是组织内部的情境和领导。相对于组织内部,组织外部的情境条件更为宏观,包括民族文化、经济社会发展状况、法律制度、领导者—追随者性别、科技发展水平等。实施有效领导所要考虑的条件,包含了内部和外部,这成为研究者努力探索的焦点。

(4)新领导理论

在领导行为理论和情境理论当中,提高领导效能的关键是改变领导者的领导风格,使其与工作岗位的目标和个人发展的要求一致,而权变理论则强调的是改变情境来适应领导者的不同风格。

20世纪六七十年代,商业竞争日趋全球化,社会的变革、科技的发展更加剧了组织间的竞争,维持组织绩效要求企业在更短的时间内确立自己的竞争优势。跟传统领导理论不同,新领导理论具有各个流派,其中最具代表性的是变革型领导理论、愿景型领导理论和魅力型领导理论。Burns(1978)在 *Leadership* 一书中指出,领导者是能够激发追随者的积极性从而更好地实现领导者和追随者目标的个体。

新领导理论进一步拓展了传统领导理论研究,它提供了领导的一般思维方法,也就是强调理念、激励、革新和个别化关怀,强调了追随者需要、价值观和道德观。变革型领导者的道德维度包括为了团队、组织和社区的利益而超越个人利益。这是社会变革所带来的必然结果,人们希望领导者能有效激发员工的积极性,为了组织目标而全心投入,并随时调整目标以顺应变革的环境。

Fiedler提出的认知资源理论认为,认知资源包括智能、经验和专业技能三个方面;作为新特质理论的代表性观点,House提出的魅力因素主要包括个人特征、行为表现、情境因素等三个方面;服务型领导和团队领导理论强调的是领导者应该关心和重视追随者所关注的事情,应该照顾和培育追随者,有责任去关注弱势群体,用平等的态度倾听、接受别人。服务型领导遵循的是服务第一,然后才是领导,服务是他们最重要的目标。与服务型领导理论相关联的是团队领导理论。该理论认为,要打造高效团队,领导者应该懂得自己的角色不是指导者,而更是一位辅助者,应该听取他人的意见,了解影响团队的过程,掌握决策、人际沟通、解决冲突、建立关系网络等领导技能。在实际的工作团队中,理解和研究领导者如何创建和维持高效团队的关键因素,就是领导者和团队之间的互动机制。领导者应该把中心工作放在"做实事"上,关注"把事情做好",即使没有充分满足团队的内外部需要,也是实现高效团队的一个重要因素。(Zaccaro,2001)

新领导理论的另一个重要的关注点是领导过程中的伦理,认为领导者首先是一个具有良好道德基础的正直的人,是否对员工个体尊重是衡量领导者的一个重要标准,这个标准与领导者自身及其组织的愿景密切相关。

3. 评论

通过对中外相关文献的整理发现,同为特质理论,传统特质理论认为领导者的特质是天生的,在其智力、适应性、外倾性等方面表现突出,而现代特质理论则进一步认为领导者的特质也可以通过后天培养。行为理论把领导者的行为大致分为"对人的关心"和"对任务的关心"。权变理论强调领导者所处的情境对其领导能力的不同要求,这些情境因素包括任务特征、组织架构、人员特征,等等。无论是传统的领导理论,还是新领导理论,强调的都是领导者个体对追随者和情境的影响和改造,反映出了英雄式领导范式的前提假设。各种领导理论都从各自的理论出发对领导予以定义,但是其中可以找出一些共同的要素特征:(a)领导是一个过程;(b)领导包含影响;(c)领导出现在一个组织的情境中;(d)有效的领导兼顾了组织目标的达成和成员需求的满足;(e)领导必须要有领导者和追随者的交互作用。(彼得·诺斯豪斯,2002)

对于领导内涵的把握,现有文献主要有以下几点总结:首先,领导是一个互动的过程,领导者和下属相互影响、相互作用,是一种领导者和追随者之间的人际关系,具体表现为领导通过自己的职权或者是知识、能力等自身素质,用适当的领导方式让追随者积极接受领导者的影响的过程。其次,领导者和下属在领导活动中所扮演的角色分别是主导者和响应者,领导者通过影响追随者来共同实现组织的目标。最后,领导活动都是为实现组织目标服务的,因此领导活动的有效性最终都会反映在组织目标的实现程度上。

(二)领导力培养理论研究述评

1. 胜任力理论

各个学科领域对能力都进行了研究,基于不同研究视角的各个领域都形成了自己的能力概念。这些能力概念的研究视角和研究层次虽然各不相同,但都是基于组织和个人两个层次来研究能力,本研究中开放式领导力主要针对的是个体能力层次当中的胜任力理论。

国外研究人员对领导力的研究即始于对胜任力的研究。1959 年,Robert White 提出了胜任力的概念。哈佛大学教授 David McClelland 在 1973 年发表在《美国心理学家》杂志上的《测量胜任力而非智力》一文中提出用测量胜任力的方法代替传统的智力测验,强调需要抛弃被时间证明无法成立的理论假说和主观判断,从现实的第一手材料开始,去发掘真正影响工作绩效的个人条件和行为特征。该文章提出了奠定胜任力方法基础的一些关键性理论和技术,标志着现代胜任力的研究以及其应用于人力资源管理的开始。

胜任力概念

跟领导力一样,关于胜任力的定义一直未能有统一的版本,许多学者根据自己的研究对胜任力提出了自己的定义。Mclagan 认为所谓胜任力是指一个人在某个角色或者职务上具有卓越绩效的能力,它可能是知识、技能、智慧策略或综合以上三项的结果;它可以应用在一个或多个工作单位中。胜任力的范畴需视其用途而定。Boyatizs(1982)认为胜任力是一个人拥有的,并且能够在某个工作和生活的角色中产生优越表现的任何特质,这些潜在的特征包括动机、人格特质、社会角色或者知识等。Dubois(1993)在 Boyatizs 胜任力定义的基础之上,把胜任力定义为导致生活和工作角色中的成功绩效的基本特征。这个定义可以根据所处的背景、程序以及基本理念的差异进行变通。

特征观和行为观是目前学术界对胜任力内涵的两种主要的观点。特征观的持有者把胜任力定义为个体的潜在特征,认为无论是生理上或者心理上、内隐的或者外显的,所有的个体特征都可以界定为胜任力,只要其能将绩效优异者和绩效一般者区分开来。行为观的持有者把胜任力看作人们履行工作职责时的行为表现,是个体的潜在特征满足工作标准时的输出(行为),是特定情境下对知识、技能、动机等的具体运用和实际行为表现。(陈勇,2012)有学者采取了折衷的观点,认为胜任力既是个体所拥有的与工作绩效相关的潜在特征,又是其行为特征。(李明斐,卢小君,2004)

持特征观的学者把胜任力分成基准性胜任力和鉴别性胜任力,前者主要指的是对任职者的基本要求,如比较容易通过培训和教育获得的知识和技能;而后者则是高绩效者在工作中取得成功所必须具备的条件,是对任职者的重要要求,是招聘和培养人才的关键,这些特质、动机、自我概念、社会角色、态度、价值观等在短期内较难改变和发展。同样地,从考察衡量的角度看,基准性胜任力较为容易。

胜任力模型

当前胜任力理论模型研究领域两类主要的模型是特征性模型和情境性模型。

冰山模型和洋葱模型是特征性模型的两种代表性模型。1993 年,Lyle M.Spencer 和 Signe M. Spencer 提出了著名的胜任力冰山模型,他们认为,胜任力是指能够把既定工作中绩效优异者与其他人区分开来的个体潜在的、深层次的特征,包括所有可以被可靠测量、而且能够显著区分卓越绩效和一般绩效的个体特征,主要有五种类型:知识、技能、自我认知、人格特质和动机。冰山模型理论把人的胜任力形象地比喻成一座冰山,冰山上的显性部分为知识和技能,冰山下的隐性部分为社会角色或价值观、自我概念、个性和动机。其中,水上部分为基准性胜任特征,相对容易被观察和评估,是员工能够承担工作的基本条件;水下部分为鉴别性胜任特征,需要通过具体的行为才能表现出来,是驱动个人行为和影响工作绩效的内在关键要素,是区分表现优异者与表现平平者的关键所在。

简言之,冰山模型认为知识和技能就像在水面上的冰山,是能观察到的,人们也可以通过培训等活动加以提升,而冰山处于水面以下的部分则一般是看不到的,指的就是自我概念、特质和动机等,相对来说,很难被观测,也很难通过某种活动对其进行提升。1973 年 David McClelland 发表的论文《测量胜任力而非智力》提出用测量胜任力的方法代替传统的智力测验以后,1982 年,Richard E.Boyatizs 在 McClelland 胜任力理论研究的基础上,提出了胜任力洋葱模型,洋葱表层为知识和技能,中间为态度、价值观和自我形象,里层为个性和动机,表层因素易于培养,里层因素难以测评和后天习得。胜任力的洋葱模型直观地说明了胜任力各个要素能够被观察、评价和开发的难易程度,指出了核心特质对于绩效的关键影响。(李南宙,2009)冰山模型和洋葱模型两者的本质内容非常类似,但是洋葱模型对胜任力的描述更加突出其层次性。

Sandberg(2002)认为,工作中的人的胜任力并不是指所有的知识和技能,而是指那些在工作时人们使用的知识和技能。因此,胜任力模型中的情境性模型认为个体在工作中的有效或优秀绩效,是由组织面临的环境要求、个体所面临的工作要求以及与此要求相适应的胜任力的共同作用下取得的,因此胜任力是情境性的,并不是普遍的。

当前胜任力模型的关注点主要集中在个体或组织层面,可以辨别和发展个体胜任力,并作为招聘、选拔、人员配置、评估等人力资源活动的重要考察意见。胜任力模型在人员的选拔与发展之中,即人员招聘和培训发展中使用得非常普遍。同时胜任力模型在用于规划职业发展时还需具有未来导向性,胜任力模型的构成要素必须是柔性的且能反映组织未来的变化。(陈勇,2012)当然,目前的胜任力模型多关注的是个体或组织的胜任力发展,而在未来还必将形成一种网络化的发展趋势。(Naquin & Holton,2003)

2. 领导力理论

领导力概念

对于领导和领导力的研究可以追溯到几个世纪之前,但是领导力作为一门学科得到西方学界的研究则始于 19 世纪末 20 世纪初的美国社会科学领域。(Riggo,2003)Burns 这样描述领导力:领导力是世界上被研究最多也是被了解得最少的现象之一。不同的领导学大师,不同的领导学理论,对领导力就有不同的阐述。领导力的研究涉及多个领域,包括人类学、心理学、历史学、社会学和哲学。(Komives,Lucas & McMahon,1998)

领导力是使领导得以产生的能力,对领导的认识取向影响着对领导力的理解。20 世纪中期,领导力最初从管理能力中分离出来,当时仅限于区分于财务、人事制度等具体管理规范技能的高层战略管理、决策、规划、影响力等能力,多被看作一种领导个人行为。(翁文艳,2008)但是,随着全球化、信息化、经济一体化的深入,领导力被认为是一种综合性的、动态的社会过程,不再仅仅是一种简单的个人行为,研究者需要考虑的是整个领导过程、领导所处情境以及各种内外部的关系。

Northouse(2004)总结了目前公认的几种领导力的观点:(1)领导力是一种过程;(2)领导力包括影响;(3)领导力在一种团队情境中产生;(4)领导力包括目标实现。而关于领导力的本质,有研究人员认为今天的领导力呈现出非常复杂的状态,必须重视领导力与情境不可分割的关系。(Antonakis,et al.,2005)

纵观国内研究学界对领导力的观点,必须提到 2007 年奚洁人主编的《中国领导学研究 20 年》,在这本著作当中,对领导力阐述主要观点作了总结,把国内研究人员领导力的理解与表述归为六种说法:"合力说""力系说""影响力说""激励说""两层面说""函数说"。

领导力合力观点认为领导力是各种因素相互作用而产生的合力,可以分别从领导者的角度、领导者和追随者相互作用的角度来界定领导力,前者把领导力看成领导者单方面所涉及的各因素的合力,后者认为这个合力是领导者和追随者双方面所涉及各因素的合力。李春林(2001)认为领导力是领导者素质、能力及其影响力等各个方面的总和。柯士雨(2004)认为领导力是"组织中的领导者或者领导集团在洞察组织的内外形势的基础上,充分利用自身的领导资源(人际关系、权力、权威以及自身的领导素质等)与具体形势的有机结合而形成能激发、教化、引导被领导者追随自己,去实现组织的共同目标的合力"。还有学者认为领导力是权力、能力和影响力的统一。权力和影响力分别是领导力的有形和无形方面,中间则是能力,其具有有形与无形的双重性质。

力系观点认为领导力是由一些具体的能力或要素集合而成的一个"力系"。黄俊汉(2005)认为领导力由领导信息运筹力、决策力、激励力、控制力和统御力等构成。张青林(2005)则将领导力界定为领导方法、领导艺术、领导风格等几个要素的集合。

影响力观点认为领导力就是领导者对被领导者的影响力:"领导即影响,领导力就是影响力,是影响人们心甘情愿、满怀热情地为实现群体目标而努力的艺术或过程。"(朱忠武,2005)

激励观点认为领导力意味着善于激励他人。所谓领导力,就是领导激发员工跟随自己一起工作,以实现共同目标的能力。(陈建生,2003)领导力是领导者如何激励他人自愿地在组织中做出卓越成就的能力。(李昌明,2005)

有学者从个人和组织两个层面来界定领导力,认为"领导力对个人而言,是一种以自己的品格和言行影响他人、激励自我、实现极限目标的能力;对企业而言,这种力量是企业内所有员工个体领导力的合成,是企业赖以激发全员的热情和想象力,全力以赴、持之以恒去实现共同愿景的内外动力"。(董军,2003)这就是领导力的两层面观点。

还有学者用数学的语言提出函数观点,把领导力定义为函数:"领导力＝F(道德魅力、岗位能力、职责努力、心理承受力)。"(李光炎,2001)此外,还有的研究者把领导力界定为"领导品质",认为领导力是领导者在特定的领导情境下吸引和影响被领导者持续实现组织目标的以领导能力为核心的领导品质。

新的研究层出不穷,人们越来越关注伦理对理解领导力本质的重要影响,认为领导力是一种人际之间复杂的伦理关系,而不仅仅是一个人或者一个职位,并且这种关系需要建立在共同价值观之上,包括信任、义务、承诺、情感等,甚至认为领导力是日常的行为和想法,与组织中的实际职位无关。

翁文艳(2008)对领导力是这样阐释的:对瞬息万变的复杂局势进行灵活应对的能力、对未来发展趋势的预测能力、对不确定情况的容忍调适能力、对多边合作的沟通协商能力、对团队合作的激发和维持能力、对冲突危机的应变管理能力、对多文化共存的尊重协调能力等。

综上文献所述:领导力的实施过程涉及一个互动的实践过程,因此纯粹的领导理论教学在领导力培养的实践中很难产生直接的效用,可以这么说,从来就没有一个领导力培养的项目可以与任何一个领导理论直接关联,这里面会有大量的其他因素的加入,而且,对于领导力培养的策略选择,还需要由组织所认同的领导原则来决定。但是,任何一个领导力培养项目都是基于一定的培养理念,而任何一种理念都是源于某种或者某几种领导理论。领导理论源于实践、根植于实践,有效的领导力培训还是基于对各种领导理论的深刻理解和综合运用。因此,对领导力概念正确把握是实施领导力提升计划的一个基石。

领导力理论的发展

对领导力的理解是一个发展的过程。传统观点把领导力认为是一种简单的、可以预测的而且不复杂的能力,一种任何领导者都具有的能力(Komives,et al.,1998),我们对领导力的理解则是多方面的、涉及领导者本人和追随者的一种集体驱动力。这里就有两种观点,一种认为领导力只涉及一个人,而另一种则认为领导力涉及很多人。这里的发展过程,就是领导力从一种具有某种职位的个人的能力发展成为一种集体能力,无论在这个集体中的人们是有职位或者没有职位。

综上对于领导理论的论述,领导理论所包含的特质理论、行为理论、权变理论,以及后面的整合理论,即新领导理论,对应到领导力,就是特质领导力、行为领导力、权变领导力和整合领导力。领导理论的发展过程,对应到领导力的发展,就是领导力理论从"我"到"我们"的过程。

"我"的领导力理论

"我"的理论当中,领导力是通过个人视角来考察的(Rost,1991),并且,该理论认为,只有一部分人能够成为有效领导者,这些人往往拥有这些权威职位所需的领导力背景和领导力特征。在关注作为领导的个人过程中,"领导"和"领导力"这两个词是通用的,其内涵包括领导者和追随者,并且两者之间遵循着一种层级关系,有着明确的界限。这种领导者和追随者之间自上而下的关系通常包含着这样一层含义,即领导力只出现于正式的组织和情境当中。(Komives,et al., 1998)

许多早期的领导力理论通过研究贵族,尤其是君主和他们的家庭来阐明领导力的继承性(Bass,1990),这些初期的研究认为只有具有这些与生俱来的能力和影响力的人才具备领导力,而且他们具有一些特征,包括自信力、决断力、雄辩力、智力以及外表,这些特征让领导者显得与众不同,让他们成为具有潜在领导力的领导者。这种领导力被认为是可以量化的,因此潜在的领导者是可以识别的。在这个前提下,只有领导者才知道如何指引组织达成组织目标。

跟着特质理论出现的是行为理论,考察的是领导者跟他人的互动以及如何执行领导职位的问题(Faris & Outcalt,2001;Komives,et al.,1998),所关注的是组织活动、领导角色以及职责。领导者与追随者之间的领导不是直接的指导,而是两者之间的互动。该理论认为通过对有效领导和低效领导的比较研究可以找到最为合理的领导方式,因此根据规范行事的个人被认为是最有效的领导者。

后来出现了许多其他领导理论,关注的仍旧是领导者以及他们的特质,重点是领导者如何运用自己的能力控制他们的追随者。如:影响理论研究的是魅力型的领导者如何满足追随者的需求。(Bass,1990;Komives,et al.,1998)以上这些在本研究中归类为主要关注"我"的领导力理论。

"我们"的领导力理论

20世纪七八十年代至今的一系列领导力理论强调的是领导者和追随者之间的关系和社会连通度,比较具有代表性的是变革型领导力理论或者交易型领导力理论(Burns,1978)和服务型领导力理论(Greeleaf,1977)。

这类领导力理论有几个共同的特征。首先,领导力并非仅仅由领导者的特质、才能以及处理一系列事务的能力决定,重点还在于考察领导者和追随者的相互合作过程。其次,关注的是领导者和追随者的共同目标,看看他们如何合作达成自己的目标。因此,领导过程是一种共同的过程而不是某个人的责任,而领导力是行为导向的而不是个人导向的。

变革型领导理论寻找追随者的潜在动机,使其追求更高层次的需求,被追随者看作是完整的人,最后形成一种把追随者转化为领导者,把领导者转化为道德代表的互相激发和升华的关系,要求领导者和追随者具有更高的理想性和道德性;而交易型领导力理论则更重视追随者的个人利益,以满足追随者较低层次的需求为基础,双方处于合同交易关系之中,进行的是一种基于私利的交换。(Komives,et al.,1998;Lipman-Blumen,1996;Yukl,1994)两种理论都认为,领导者和追随者并不是两个互相独立的概念(Yukl,1994),最为重要的是追随者是领导过程中的关键因素。

服务型领导力理论刚好跟传统的领导者—追随者领导力理论相反,与后者把领导力运作看作追随者按领导者意愿行事不同,服务型领导力理论把领导者看作追随者的服务人员。(Faris & Outcalt,2001)为了达成组织目标,领导者首先需要考虑组织成员的需求。因此,服务型领导者需要把集体利益放在个人利益之上。

另一方面,随着领导者和追随者之间的互动越来越被重视,研究人员开始关注领导过程所处的环境(Faris & Outcalt,2001),领导力的研究被放在了一定的情境当中,具体的情境成了影响领导有效性的关键要素之一。这种观点最早始于20世纪50年代,认为虽然由于某些人群的一些技能和能力,使他们更适合成为领导者,但是任何领导风格都必须跟特定的情境相匹配,情境因素决定领导的有效性,因此,领导力的有效性取决于追随者的特征以及组织结构和组织目标。

领导者从个人视角到群体视角的转变,刚好跟20世纪60年代末到70年代初的社会变革同步。当时的民权运动和女权运动表明,不管是在正式还是非正式的组织中,任何人都可能成为领导者,哪怕是那些一直以来被认为没有领导能力的人。

综上所述,特质领导力认为领导者之所以成为领导者,是由于他们的一系列特性和特质所致,包括精力、外表、好胜心、自立能力、说服力和支配他人的能力等一系列生理上和心理上的特质和素质。这一系列特质被用作选拔领导者的先决条件。虽然直到今天,研究人员都没有找到能够必然带来成功领导力的特质和特质组合,但是已经找到了和成功领导力有关的特质。

行为领导力的主要目的是寻找更深入理解领导力的那些领导行为,寻找高效领导者与低效领导者在行为上的差异,以及研究管理工作的本质。虽然还没有找到适合所有管理情境的最佳管理风格,但是,明茨伯格的领导理论被广泛地应用于对领导者的培训上,而且,人们也的确找到了领导行为的两个宽泛的衡量尺度,即任务导向和人本导向的领导风格,这对于领导效率的解释意义重大。

权变领导力试图解释在环境变量的作用下,不同的特质和行为将带来的领导效果。权变领导力的关键在于情境因素,包括工作性质、外界环境以及下属特质等。另一方面,该领导力也试图探索在不同类型的公司、管理者所在的不同层级以及不同的文化环境下,管理工作在多大程度上的相同或相异。不同的公司环境,有些更倾向于独裁式的领导者,而另一些则更适合民主参与型的领导。这与被称作通用理论的特质领导力和行为领导力不同,因为通用理论都是试图寻找并解释适应所有情境的最佳领导风格。

20 世纪 70 年代开始,领导理论研究模式开始把所有的理论结合起来,形成领导的整合理论(Integrative Leadership Theories),该理论试图把领导理论整合起来,去解释成功的、富有影响力的领导者与下属之间的关系,为何一些领导者的下属愿意为了团队和组织的目标努力工作无私奉献,以及高效领导者如何影响下属的行为。整合理论试图阐述那些加强领导效果的特质,并探索在不同情境下,领导者的相同行为可能对下属造成的不同影响。

3. 领导力培养

领导力培养概念

国外的相关文献对于领导力培养的单词是 leadership development,对应在中文文献当中,除了领导力培养以外,这个词也译作领导力开发、领导发展、领导能力培养等。本研究在大多数情况下将其理解为领导力培养,但其内涵包括领导力发展、领导力开发、领导人才培养以及领导能力发展等。

关于领导力的培养,首先需要考虑的是领导者是否是天生的问题。当前大多数研究者认为,高效的领导者并非单纯是天生的或者后天塑造的,他们天生就具有一些领导能力,而后又不断开发培养了这种能力。所以天生的领导能力是一种优势,而领导潜能是每个人都具有的,因此领导技能是可以开发培养的。

领导力培养包括以个体为主的领导者培养和超越领导者之外的团队发展、组织发展。Avolio(1999)把"培养"定义为"因为自然成熟的过程和学习,随着时间的推移而发生的变化"。而领导者培养是指培养一个人有效执行领导角色和过程的能力,在此基础上,领导力培养可以被理解为一个持续不断的过程,一种终身发展的过程,发展的是个人、团队、组织的有效执行领导角色和过程的能力。因此,这是以领导力个人的发展为基础,包括发展个体领导者、发展个体之间的联系、发展集体的能力、发展一个组织内部各个集体之间的联系、发展个体与集体扎根其中的一种组织文化与制度。

研究人员对领导力培养的界定措辞各不相同。有研究者把领导力培养表述为一个人能力的扩展,以更有效地胜任领导的角色和过程,而领导的角色和过程则是那些能使不同群体以有效、有意义的方式在一起工作的事情。另外,有的研究者把领导力培养表述为扩展组织能力以执行集体工作所需的基本领导力,这个集体工作则包括设定方向、创造联盟和维护承诺。(McCauley & Velsor,2004)

Sindell 和 Hoang(2001)认为领导力培养不是一个项目,也不是一个既定的培训过程,它是一个系统,用来解释你的组织如何起作用、获得何种利益、体现何种价值。

Avolio(2005)这样描述领导力培养,认为领导力培养可以视为人生之河中有计划的干预活动,通过给予特殊的模式、方法、一段时间和评估策略,我们期望改变人们的思维模式、行为和人生之河的方向。

美国约翰卡罗尔大学领导者发展研究中心主任 Scott J. Allen 博士这样总结对于领导力培养的理解:(1)领导力培养应是一个连续的、有效的、相互关联的过程或是一个系统,用来解释你的组织如何起作用、获得何种利益、体现何种价值。它不应该只是一次培训经历。(2)领导力培养应该扩展个人、群体和组织的能力,扩展领导者的视野,使他们看到新的机会,改变人们在生命之河中的思维模式、行为和方向。(3)领导力培养应该增加整个系统的能力。Avolio 对在不同层次上的领导力培养(个人的、双重的、群体的、战略的)进行了描述,并提出领导力培养总是多层次的努力。(4)领导力培养应该创造领导者与追随者之间的积极结果,它应该使不同群体以有效、有意义的方式在一起工作。简言之,领导力培养是一个设计出来的连续、系统的进程,旨在扩展个体、群体和组织机构的能力和认识,以努力达到既定的各种目的和目标。

从本质上说,领导力培养是一种促进领导能力发展和领导人才培养的实践活动,进行领导力培养的主体可以是学校、社区以及企业和政府等各级各类组织。

领导力培养的理念、途径及模式

(1)理念

领导力是天生的还是后天培养的这个问题明确之后,领导力培养面临的一个难题是:对学生进行领导力培养的教育者本身并非一定是高效的领导人,如何教导学生成为优秀的领导人? 因此,领导力培养所要考虑的是:教育者要教给学生的是获得观点的智慧,而不仅仅是一些观点本身,即"授人以鱼"基础上,还要"授人以渔"。

领导力培养有四种基本理念:以知识为本(knowledge-based)的教育理念、以技能为本(skill-based)的教育理念、以胜任能力为本(competency-based)的教育理念、以现实人为本(human-based/user-focused)的教育理念。(翁文艳,2008)作为传统的教育理念,以知识为本和以技能为本的理念强调与领导岗位相关的知识传授,或者强调与实际工作密切相关的某项技能的培训,而以胜任能力为本和以现实人为本的理念是领导力培养的新理念,与特定岗位要求的综合能力和特定领导者的个性特征密切相关。

英国学者总结了领导者需要具备的关键素质包括:综合能力和道德勇气、自我认知与谦逊、同情与情感管理、透明与坦诚、清晰的愿景、适应性和灵活性、活力与迅速恢复的能力、面对不确定情境的决策能力、决断力、一贯性和公正、尊重和信任、知识和专长、履行诺言。(Bolden & Gosling,2006)

翁文艳(2008)总结了胜任能力为本的主要特点是:以岗位胜任能力为导向,以学习者为中心,重视提高在现实工作中的真实绩效。而现实人为本的教育理念作为四种基本理念中最新的一种,与国外目前领导研究中心对领导者的伦理价值的重视有关,建立在个性领导、愿景领导、基于价值观的领导、服务型领导等一些新领导理论基础之上。

许多学者认为在领导力发展过程中,领导者需要了解自己的内心世界。以现实人为本的理念强调的是关注每一个真实的、富有个性的个体人,关怀和帮助每一个领导过程的参与者,并且在整个教学过程中重视个性的发展,重视每个人在学习过程中的亲身体验和与其他人的互动交流过程,强调在学习者现有实际经验的基础上从自己的体验反思和他人的使用经验中吸取发展的养料。

(2)途径

Yukl(2002)归纳了国外领导力培养的三种主要途径:正规培训、发展型活动、自学活动。正规培训主要是正规教育或是会议,以课堂为基础,教学方法有专家讲座、案例教学模拟和专题研讨等。

课堂式的领导教育可以让学习者从工作环境中出来,专心进行学习,有着一定的优势,但是,如果教学内容、教学过程与实际工作相脱节,那么就会直接影响领导教育教学效果。众多的事实表明,如果领导教育的活动和内容与学习者的实际工作任务直接相关,或者根植于他们的实际工作情景之中,更有可能取得较好的效果。因此,通过工作任务或者在实际工作中提供个人自我发展的学习机会的培训活动,逐渐成为领导力培养教育的重要途径。具体内容包括行动学习、教练(coaching)和指导(mentoring)、挑战性的工作任务(如岗位轮换)、360度反馈等。

历史上那些模范的领导者本身都在其自身发展过程中起到了积极的作用。他们不会等着别人替他们安排学习发展的机会,而是会主动去驾驭人生之舟。(Avolio,2005)这就是通过持续终身的自学活动来提升自我的领导能力。自学活动可以是帮助个人发展胜任能力的网上课程,也可以是在生活中自主的阅读学习。

国内学者对于领导力培养的主要途径,奚洁人(2007)进行了总结,认为主要有四条基本途径:自我学习、加强培训、在工作中锻炼以及善于总结经验。

领导者所处的地位和肩负的任务决定了领导者学习的必要性,因此,加强自我学习是提高领导者领导力最基本的途径。加强培训需要注意提高培训的实效性,因此,培训应该具备三方面的特征:针对性、系统性、业务性,形式也应多样,除了专家讲座之外,还可加入现场体验式教学模式等,进行经验型领导力的培养。实际的工作锻炼能够开阔领导者的视界,打破认识上的旧框架,突破旧观念,从而促使领导者的洞察力、注意力、想象力以及思维能力、智力品质的提高,所以在工作中锻炼是一种非常直接有效的领导力提升途径。任何情况下,根据现有的体验,总结经验,把实践经验升华为理性的东西,用以指导实践,是获取成功的关键因素,与此同时,接受领导力培训的人员要用开放的心态博采众长,取人之长,补己之短。根据领导的变革规律和发展趋势,现代领导能力的培养与提升主要应该实现五大转变:从繁琐领导向简约领导转变;从显性领导向隐性领导转变;从人治领导向法治领导转变;从无限领导向有限领导转变;从常规领导向创新领导转变。(奚洁人,2007)

(3)模式

对于领导力培养的模式,各个学者对此都提出了自己的观点。

Hunt(1991)提出了三种领导力培养与发展的活动,即教育、培训和经验,目的都是促进个人发展个体绩效。Hunt观点里的教育包括正规的大学教育、短期的培训项目、培训课程等,认为教育能为个人提供对需要作出判断的复杂问题进行批评性思考的能力,培训能为个人提供把工作相关的知识转换为技能运用到工作任务中的能力,经验能为个人提供执行任务、形成关系的机会,进而增强工作绩效和职业发展。

Yukl(2002)提出了领导力培养发展的三种方式,包括正规培训、自助活动和发展型活动。正规培训是以课堂活动为基础的课程,包括正规的教育或参会经历;自助活动包括360度反馈、短期培训课程、网上课程等;发展型活动包括跨部门的岗位轮换、行动学习计划、受到高级主管的影响、教练或正规指导项目等。在 Yukl 的提法中,这三种途径都是促进领导力提升的方法,而且,要更有效地培养领导力,需要这三种途径互相重叠,正规培养与自助活动和发展型活动相联系、结合。

Vicere 和 Fulmer(1998)提出了"领导力发展计划:一种综合方法",从组织的角度分析如何提高一个组织内成员的领导力,把领导力培养看作一种组织学习和竞争力的力量。领导力培养项目的设计者首先需要通过组织的战略任务确定领导力培养发展的目标和首要任务,这些任务包括技能培养、领导理论的学习和组织价值观的讨论,然后确定适当的方法和途径,选择培训提供者和学习机会,最后把这些培养途径纳入人力资源培训的体系中。

Avolio(1999)提出了"领导力发展培训循环周期"模式,以期在领导力培训过程中产生更大的影响。该模式分为认知、运用、采用以及提升四个阶段。认知阶段主要用于帮助参与者检查自己的领导风格,运用阶段主要是为了使参与者能成为更有效的领导者,采用阶段是整个培训周期的关键点,而提升阶段则是在参与者开始运用转变后的领导风格后,自信心和能力得到增强的阶段。

2005 年,Avolio 又提出了领导力发展多层次视角的新模式,从终身发展的角度分析个体领导者的人生经历中领导力发展的各个方面和各个要素。Avolio 认为每人不同的智力和优点决定了每个人的人生经历,提出了"人生之河"的概念,即"从你出生开始到现在而日积月累起来的时间,这些时间决定你是如何抉择去影响自己和别人"。人们的环境以及愿景和文化影响着人们的领导力发展,相同环境对不同人群的领导力培养所产生的冲击和影响都是不同的。

沃顿商学院的 Katherine Klein 于 2004 年提出了领导力发展的三个关键方面:组织氛围,个体差异,以及工作挑战、反馈和指导。组织氛围指的是对领导者发展以及关于学习的组织氛围;个体差异包括个人动机、自我效能、自我监控能力和目标导向等;工作挑战、反馈和指导指的是各种发展工具,包括发展型任务、360 度反馈、指导项目、教练和行动学习等。组织氛围和个体差异影响着不同个体从工作挑战、反馈和指导中获益的程度。

美国的创新领导中心成立于 1970 年,是一个世界知名的国际性非营利教育机构,致力于领导方面的研究与培训。创新领导中心的领导力发展模式分为两个部分:发展型经历和发展过程,该模式从培训机构的视角看如何提升个体领导者的领导能力。发展型经历是用来帮助领导者学习而设计的活动,这些活动可以是培训课程,也可以是多门培训课程组成的培训项目,或者是其他各种促进发展的工作任务,其三个主要要素是评估、挑战和支持,这三个要素是为学习者提供最具效果的教育培训活动的经历与体验的保证。发展过程的三个主要组成部分是发展型经验、学习能力和支持发展的组织情境。

创新领导中心与 Verizon 一起合作设计了创新领导中心领导力发展的探索发展模式,该模式专门用来给那些具有高潜力的人开设为期两天的领导力发展培训项目,其三个组成部分是:驾驭复杂的挑战,支持共同意义的形成,以及实践和发展基于关系原则上的领导力。

以上这些领导力培养与提升的模型有着一些基本的规律,首先,成功的领导力培养需要系统地考虑教育、培训和经验三部分的内容,其核心的任务是培养个体获得把知识和技能应用到工作中的能力。其次,领导力培养强调了追随者在领导过程中的重要性。再次,领导力培养并非是单独存在的,而是一种过程,包含了培训、评估、挑战和支持等各要素。

4. 大学生领导力培养理论

高等教育领域的领导力模型

对于领导力的发展过程,高等教育领域的研究人员提出了各种模型,这些模型关注的是领导力如何为社会需求服务,除了个人的领导能力,还包括他们的目的、动机和意图。(Rost & Barker,2000)大学生领导力培养相关的两个模型是关系领导力模型(Komives,et al.,1998)和领导力开发的社会变革模型(Astin,et al.,1996)。两个模型的一个共同宗旨是任何人在任何时刻都具有领导能力。

关系领导力模型最关注的是领导力中的关系维度,研究学生个体如何通过共同努力达成组织目标。这种过程导向的领导力模型具有包容性、授权性、目的性、道德性和过程导向性等特征。因此,领导力培养模型的建立不仅仅是设计一个计划,学生必须超越自己的个人利益,为了整个社会考虑他人的利益。在这个领导力过程中,每个人都是一个积极的参与者,都是为了共同的目标和利益在努力,让学生用不同的视角考虑自己的组织身份,这是一种扩充了的视角,关注的是社会的连通性,对领导力进行重新构造,通过更具合作性和参与性的方式解决问题,以达成共同目标。

领导力培养的社会变革模型包括三个视角:个人层面、团队层面以及社区层面。社会变革模型的一个独特视角是对于社会责任感的关注,认为领导力是价值观所决定的,关系到个人对于自身、团队以及领导目的的理解。这个社会责任感就是为了创造一个更好的社会,这是一个共同的终极目标,为自己也为他人。这个模型提出的领导力是一个过程,没有起点和终点,学生可以从中体现出他们的个人价值,考虑他们跟组织目标的关系,向着共同的利益前进。可以说,领导是人与人之间有效互动,不割裂,不分层级,不是控制,而具有包含性和协作性。

这种领导力理论从个人视角发展到群体视角,要求人们考虑个人行为和想法的重要性,领导过程是一种集体概念。新的领导力理论为人们提供了一个具体的视角,了解领导者的鉴别、选拔以及研究,并且可以让我们对于学生领导力的培养有一个更为清晰的了解。

学生领导和领导力培养

虽然对于领导力和"学生领导者"的概念有着各种各样的解释,但是人们普遍认为"领导者"就是在一个组织中被选拔担任正式职位的人。(Astin,2001;Komives,et al.,1998)学生领导者一般具有一定的特质和能力(如决断力、自信力等),并且在校园中非常显眼,能够从各种组织中脱颖而出,如学生会、体育团体、联谊会等。这种传统的"学生领导者"观点跟层级性的领导观点比较契合,一些学生会成为"领导",而另一些学生则被"领导"。

本科生领导力培养一直是大学的一个重要目标,在美国,大学校园里领导力开发的项目数量众多并一直处于上升趋势。为了进一步增强大学培养学生领导力的能力,高等教育研究人员对于如何开发所有学生的领导能力进行了诸多研究,这些研究主要包括三个方面:学生的基础特质、学校特征以及学校教育。

(1)学生的基础特质和领导力

跟领导力相关的最主要的基础特质包括:性别、种族、价值取向以及家庭背景。为了更好地了解大学经历对于学生领导力的潜在影响,任何学生领导力培养都必须考虑学生进入大学之前的个人素质、特质和生活经历。(Astin,1993)

Gilligan(1982)曾经提出,在道德发展过程中,女性的经历过程跟男性不同,因此,大学经历对学生产生的影响也随着性别不同而不同。这就从性别的角度开始了对大学经历的影响力的研究,不再纯粹用对男性的研究结果涵盖整个人群。在领导力培养领域,女性特质并不能自动生成领导力的概念极大地影响了性别和领导力之间的关系。(Hayes,1999;Lips,2000)这并非说男人和女人在领导岗位上的效能不同,而是指女性特质和其能力之间往往存在着一些不甚合理的考量,让女大学生对于是否担任领导职位产生了犹豫。

这些性别预期会让担任领导岗位的女大学生的价值观和认知感产生冲突。女性一般被认为是温和善良的,而在领导与下属之间往往会有不同意见。女大学生往往不愿跟人争论,不愿处于一种挑战的境地,因此,也会更加排斥组织冲突。(Romano,1996)女性更为传统,更具关系倾向,而且更害怕会产生社会孤立感。因此,很多女大学生不会主动谋求领导岗位,她们的领导职位更多是被指定的(Young,1986),而男性则更多的是被选举出来的。这些关于领导力的观点会让女性在领导力培养项目里处于不利的位置,有研究指出，对于年轻的女性来说，通过个人经历培养自己的领导力比通过正式的培训提高领导力更为有效。（Kezar & Moriarty，2000；Romano，1996）

　　虽然当前在欧美各国，有色学生数量占总学生数量的比例不断扩大，但是关于种族对于本科生领导力培养的影响，欧美研究还比较少，现有的研究主要关注这类学生的成长经历，认为领导力会根据人种和种族的不同而不同。

　　个人的价值取向往往是学生进入大学之前就开始形成了，这会影响学生参加领导力活动的动机。研究表明，那些比较行为导向的学生更有可能对领导力进行提升，领导力测评程度较高的学生更为自信，并且有着更为远大的目标。这些行为导向的学生更愿意作出决策，不畏惧失败，以更为宽广的视角看世界。（Erwin & Marcus-Mendoza，1988）这表明，认为自己会对变革产生影响并且把目标转化为行动的学生更愿意担任领导职位。

　　学校设计针对学生领导力开发与培养的项目与计划，需要把学生的个人具体情况纳入考虑，这主要是由于学生进入大学前就已部分形成价值观，并对自己的潜力有所了解，因此，大学为学生领导力培养提供的方案不会对所有的学生产生同样的效果。研究人员的研究对象往往是某个相对独立的人群，但是其研究结果却可以为学校提供很好的参考。比如，虽然 Erwin 和 Marcus-Mendoza（1988）的研究是针对大一新生的，但是这非常有助于学校考虑如何为新生以及其他年级的学生创造机会。

　　一般说来，行为导向的学生相对而言具有更加强烈的自尊心，往往会认为自己有能力参与身边的事务。在欧美国家，比较行为导向的有些学生甚至会参与一些社会活动，Chambers 和 Phelps（1993）认为这是另一种形式的学生领导力，亦即是在传统的、正式的学生领导力角色以外的学生领导力。

　　家庭成员的行为榜样，尤其是父母亲，也会影响学生的领导力培养。（Fiedler，1967）家长如果经济条件较好、受教育程度高并且处于领导岗位，那么就会对子女的领导力培养产生正面的影响。Hartman 和 Harris（1992）认为，这些早期的家庭影响会改变大学生对领导概念的理解，对领导岗位的兴趣以及他们将来的领导风格。美国的一些研究者通过对大学生和其父母亲的调查发现，学生的部分领导风格来自于他们的父母。比如，父母亲的领导风格，尤其是他们所认知的风格，跟学生自认为的领导风格密切相关。另外，有些学生一直把领导力认为是一种男性的气质，因此他们往往会把自己的父亲认作对自己的领导风格产生最大影响的人。不过也有研究指出，由于研究样本大小和样本多样性的原因，那些关于父母亲会对子女领导力产生影响的研究并不适用于所有的学生（Hartman & Harris,1992)，因为取样往往只来自一所或者几所院校。

（2）学校特征和领导力

学生就读的学校对学生领导力的培养有着重要的影响。这里总结几个特征相对比较明显的学校类型，如研究型院校和女子大学等。比如，研究型院校对学生领导力培养起的是一个反作用。（Astin,1993）一般来说，研究型院校会更关注师生的研究能力，学生会在研究项目上与老师产生很多交流，这种师生关系更多的有一种上下级关系，而不是培养领导力所需要的一种协作关系。这种关系可能对提升学生的领导力没有非常积极的影响。研究型大学会把领导力培养交给学生自己，让他们根据自己的领导力培养兴趣来进行自主选择。（Antonio,2001；Astin,1993）

有研究表明，在领导力的自我认知方面，女子大学比男女同校的大学更具有正面意义。（Astin,1993；Whitt,1994）人们觉得女子大学的氛围更能产生女性领导者。（Whitt,1994）无需与男生竞争领导岗位的事实，也让女性从对领导力和性别之间关系的纠结中解脱出来，让她们可以大胆地测评自己的领导力，而无需担心会犯错误。女子大学还可以培养女性楷模。这些研究发现让很多人在经过考虑后，仍旧选择了女子大学。（Astin,1993）

住校的学生会有更多的时间和精力参与学校事务，担任领导角色。因此，一般认为离家上大学会对学生领导力产生正面的影响，让学生对于领导能力的自我认知得到增强。毫无疑问，住校为学生提高自己的领导能力从空间上提供了便利。

（3）学校教育和领导力

虽然学生的个人特质和学校特征会对学生领导力培养产生影响，但是，大学的学校教育对于本科生领导力的培养所起的作用无疑是最大的。（Abrahamowicz，1988；Astin，1984）因为这才是大学所能起到作用的方面。换句话说，大学可以为学生创造特定的机会——课程活动、跟课程相关的活动和课外活动——这些都会直接影响学生领导力。

课程活动

研究发现，课堂教学中的集体活动可以增强学生领导力，比如小组活动和小组作业。Kezar 和 Moriarty（2000）指出，参与小组项目可以极大地增强学生领导力的自我评估。小组项目可以让学生为了一个共同的目标跟不同的人合作，这是一种所有处于领导岗位的人所共有的一种经历。他们发现，学生的专业会对他们的领导力技能的开发产生影响。由于课程的具体要求和更为直接的教学方法，技术类、理工类以及医疗类专业的学生相对来说获得的领导力培训机会会少一些。而选修那些跟领导力较为相关课程，如工商类、历史类、社会学类、政治类以及种族或者性别类课程，则可以增强学生的领导力感知度。（DeAngelo，2002）

跟课程相关的活动

一些跟课程相关的课堂外活动，也能促进学生的领导能力培养。比如，领导力培训工坊是促进学生领导力发展最为直接的方式。（Moriarty，1994；Romano，1996）随着学校招生专业的不断扩大和招生人数的不断增加，学生越来越多地需要能够与各种来自不同背景的人们打交道。多样性领导力培训工坊让他们有机会学习如何处理同质事务和异质事务，在这类工坊中，学生往往会感受到自己的改变，发现自己能够用积极的态度去换位思考，跟与自己意见不一的人的沟通会变得顺利，而且也有能力处理冲突——所有这些都是一个学生领导者所必需的素质。（Zuniga，2003）

课外活动

Astin(1993)认为,在领导力培训的过程当中,需要考虑同龄人对学生领导力的影响。在许多高校,学生领导力的获得在很大程度上都在课堂之外,可以是通过跟其他学生领导者接触或者观察其他学生领导者获得。(Romano,1996)在此过程中,那些参与课外活动的学生很快地获得了一些领导者素质。这些课外活动包括学生会竞选、参加学生社团以及联谊会等,所有这些都会给学生领导力的自我评估产生积极的影响。(Astin,1993;Byer,1998;Moriarty,1994)对于高校来说,可以继续通过创造一系列的校园活动为学生提供领导力培训的机会。(Twale,1990)

综上,领导力是价值观和行为的一个组合,前者包括个人对于自身领导力的自我认知和领导潜力,后者包括提升领导力的领导岗位和领导活动。

5. 评论

随着学界对领导力培养的研究越来越深入,在各类文献当中,研究者们都提出了对领导力培养理论以及实践的观点,但是,纵观这些研究文献,大部分研究者的成果都是基于他们与组织合作以及在研究机构的经历,很少有实证的支撑。领导力培养与发展的主要研究对象为企业内部的员工,把青年大学生作为主要对象进行的研究较少,尤其是通过实证提取大学生开放式领导力培养影响因素的研究则更为鲜见。本研究以大学生为领导力开发培养的主体,试图以一个开放式的全新视角建立一个大学生开放式领导力开发提升的模型机制。

(三)开放式理论研究述评

1. 开放式创新的定义

2003年,Chesbrough教授提出了开放式创新(Open Innovation),为企业有效利用和整合内外部创新资源,整合各方面科技力量,形成合力,提高创新效率提供了一种全新的创新管理模式(陈钰芬,2007),这是继20世纪初

Schumpeter 提出创新这一概念以来一个最具有实践生命力的主题,在此之前,人们更多地认为技术创新是企业发展的灵魂,但是只能由企业独立开展,是企业内部的事,人们对这种创新模式的威力深信不疑,内部研发和技术创新常常被画上等号。Chesbrough 把 Schumpeter 在 1912 年提出的传统创新范式称为封闭式创新(Closed Innovation),其特点是对创新进行严格控制并进行纵向整合。Chesbrough 主要是针对美国具有很强内部研发能力的大公司中普遍存在的 NIH 的传统观念而提出开放式创新这一概念的。后来许多学者(Chesbrough,2007;陈劲,陈钰芬,2006;陈钰芬,2007)都对开放式创新进行了新的界定。

陈钰芬(2007)根据 Chesbrough 对开放式创新的特点提出了开放式创新的定义:开放式创新模式是指企业在技术创新过程中,同时利用内部和外部相互补充的创新资源实现创新,企业内部技术的商业化路径可以从内部进行,也可以通过外部途径实现,在创新链的各个阶段与多种合作伙伴多角度的动态合作的一类创新模式。朱朝晖(2009)对开放式创新下的定义是:企业在技术创新过程中,综合利用企业内部和外部互补的创新资源实现技术创新的范式。开放式创新模式意味着有价值的创意可以从公司的外部和内部同时获得,其商业交换途径可以从公司内部进行,也可以从公司外部进行,把外部创意和外部市场化渠道的作用上升到和内部创意以及内部市场化渠道同样重要的地位。(Chesbrough,2003)

在开放式创新的模式下,组织边界是可以渗透的,创新思想主要来源于组织内部,也可能来源于组织外部。Chesbrough 开放式创新模式的主要特征表现为以下几点:(1)强调内外部间的创新合作。企业内部的创新思想可能在研究或发展的任何阶段通过知识的流动、人员的流动或专利权转让扩散到企业外部。该模式要求组织通过广泛的内外合作,搜集和利用组织内部和外部的所有创意,使内外部的创新人才都为组织"服务"。(2)强调对外部创新成果的搜索和利用。Chesbrough(2003)认为,企业并非仅仅靠自己的研究才能获利,外部研发也可以创造巨大的价值,企业应当充分分享这一价值。(3)重视卓越商业模式的构建。Chesbrough(2003)认为,建立一个能利用一切研究成果的模式比仅仅把自己的产品推向市场更重要,许多企业仅仅在某些产品上具有竞争力但却错失了更大的价值空间。有些不适合于企业当前经营业务的研究项目可能会在新的市场发现其巨大价值,也可能通过外部途径使之商业化。(4)不再局限于传统的知识产权观念。如果企业能充分利用内部和外部的所有好的创意,就一定会取得更大的成功,企业也可以从别人对其知识产权的使用中获利。公司不再锁住其知识财产,而是通过许可协议、短期合伙和其他安排,设法让其他公司利用这一技术,自己从中获利。(Chesbrough,2003)另外,只要对企业有利,企业也可以购买别人的知识产权。(Chesbrough,2003,2004)

2. 开放式创新的机理

根据 Chesbrough(2003)提出的开放式创新模式,组织同时利用内部和外部相互补充的创新资源实现创新,与多种合作伙伴多角度地进行动态合作,通过内部和外部两种途径实现组织内部技术的商业化路径。在此基础之上,许多研究者对开放式创新这个主题进行了广泛的研究。比如,Piller(2004)对领先用户在手机游戏开发中的重要性的研究,Laursen 和 Salter(2004)对英国制造业开放创新程度的研究,Kirschbaum(2005)对丹麦特殊材料公司(DSM)开放式创新的案例分析,赵晓庆(2004)对华为、海尔、长虹、东信等国内典型的高技术公司的案例分析,许庆瑞(2004)、陈劲和陈钰芬(2006)对宝钢集团开放式创新的案例研究,任寒青(2006)对 UT 斯达康和中兴通信开放式创新战略的案例研究,杨武(2006)对开放式创新战略与知识产权管理关系的研究,等等。

其中,陈钰芬(2007)认为,开放式创新强调企业在创新过程中外部创新资源的获取和利用,以及内部技术商业化的路径可以通过内部渠道和外部渠道实现,是一种与多种合作伙伴多角度的动态合作的创新模式。当然,尽管开放式创新环境下利用外部知识的能力是成功的关键,但开放式创新模式并不是一种简单的依靠外部技术资源进行创新的模式,内部研发仍然起着很重要的作用。陈钰芬(2007)提出了开放式创新机理的理论模式,并根据大规模的问卷调查进行了实证分析,提出了一个开放式创新的机理及作用路径模式图(图2-4)。

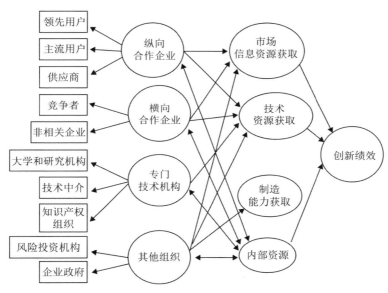

图2-4 开放式创新的机理与作用路径
资料来源:陈钰芬(2007)

3. 开放式领导的概念

开放式创新所关注的是内部环境和外部环境两个方面,这是开放式创新的机理所在。开放式领导力首先强调的是开放性的本质,Charlene(2010)在 *Open Leadership* 一书中提出了开放性的十大要素,把这十大要素从广义的角度分成了两大类:开放式信息分享和开放式决策机制,前者包括解释、更新、对话、开放话筒、众包以及平台;后者包括集权、民主、自我管理以及分级。

"开放是一种哲学,通过分享财务和经营的信息,使得每位员工都可以参与到创造成功企业中来",这是 John Case(1996)在其畅销书 *Open Book Management* 中对开放的定义。对于开放式的信息分享,许多从事管理多年的成功管理者认为,放权越多,领导者最终拥有的权力越大,因为这样可以把大家的注意力集中到同一个组织目标上来,分享的信息越多,创建的信任也就越多。另一方面,内部信息的及时更新可以加速产品的研发。交流途径的开放性,管理者和自己的员工的对话和沟通,对顾客的了解和对其服务的跟进,可以让组织更好地改进企业的运作模式和运行效率。而交流和沟通也可以产生更多创新性的想法,用来改进企业和组织的产品和服务。

开放式决策制定在不同的组织甚至同一个组织内部中都不尽相同。一般来说,组织内部的决策主要分为集权式决策、民主式决策、共识决策以及分级式决策,这四种类型的决策由于控制程度的大小、信息分享的程度,以及人们在不同情况下做出的不同选择而不同。(Charlene,2010)开放式的决策制定让决策制定流程变得更公开,员工可以了解决策制定的参与者,提高效率及其有效性。

开放式领导所具备的素质主要应该有以下几个方面:

首先,开放式领导一般有着较强的好奇心,这种好奇心是与生俱来的,对未知的事物会用开放和宽容的态度去面对,不断地学习。他们会勇于寻找机会改善这个世界,感兴趣的范围和领域非常广泛,并将社交能力看作一种能够拓展知识面的独特方式。

其次,除了必不可少的好奇心,作为一个开放式的领导者,还必须具备谦逊的精神。谦逊精神是一个卓越的领导者所应具备的关键品质。(Collins,2001)谦逊精神使开放式领导者愿意接受一个事实:他们关于某些事物的观点可能由于他们的新奇探索而带来转变,而当自己的观点有问题时,谦逊精神能够使他们具有自我意识以及勇于承认错误的信心。(Charlene,2010)前柯达公司CEO Jeff Hayzlett认为,开放式领导者必须能够乐于接受批评,并且清楚地知道这一态度何时重要,何时不重要。他同时还强调,具备谦逊精神首先需要具有较强的自我意识和信心,能够认识到何时需要获得帮助。

第三,开放式领导需要具备乐观的精神。相对于悲观的领导者而言,乐观的领导者一般会更倾向于认为人们的个人利益与组织的集体利益是统一的，是能够达到双赢的，而并非如悲观者预期的那样，认为放权是一种妥协，风险巨大。乐观的领导者相信员工一般都诚实可信，具有责任感，并且会尽力为实现组织目标而努力，如果获得适当的机会，大多数人能够在自信心、能力以及自我价值认知等方面获得提升。乐观的领导者不仅本身具有开放的心态，同时也能够启发和激励他人成为开放式领导者。

第四，善于合作的精神是开放式领导者的又一项核心要素。对于成功，开放式领导者会考虑个人和集体两方面的因素。而对于组织所面临的困难，开放式领导者会认识到自身的局限性，快速地作出反应，并积极地寻求与人合作的可能性。与个人主义倾向的领导不同，他们具有善于合作的心态，而不会首选通过自己的思考和个人能力试着去解决问题。对于开放式领导者而言，最关键的一点是具有足够的自信放弃部分控制权，但同时又要能够确保任务成功完成。但是，开放式领导者放弃的是决策制定过程中那些需要个人参与的部分，而不是全部控制权。一个正确的决策结构就是：正确的人们使用正确的途径制定正确的决策。开放式领导者可以制定一个清晰的战略和多个评价参数，但是必须确保每个人都团结合作，能够朝着同一个方向努力。

Charlene(2010)对领导者进行了划分，总结了四种具体的开放领导力原型：现实的乐观主义者、悲观的怀疑论者、谨慎的尝试者以及明确的传道士。如图 2-5 所示。

图 2-5　四种开放领导力原型
资料来源：Charlene Li,2010

在这四类领导者当中,现实的乐观主义者是最具力量、最为高效的,他们既能够看到开放所能够带来的收益,又能够理解所存在的壁垒,善于处理各种复杂的情况,并且具有合作的心态和技能,知道如何向持怀疑态度的人们展示开放的优势,并赢得他们的信任。与现实的乐观主义者完全对立的是悲观的怀疑论者,他们情绪悲观且特立独行,天生对一切可能朝着坏方向发展的事物都感到忧虑。而谨慎的尝试者同样具有悲观情绪,但跟悲观的怀疑论者之间最大的差别在于,虽然他们认为更大的开放性会给他们带来重重危险,但是却理解合作的必要性,他们能够看到更多人的参与所带来的收益。而明确的传道士则同时具有乐观和个人主义精神,他们相信新技术在转变人员和组织时所具有的力量,并一直对其进行推动,但是倾向于独立使用技术工具,认为技术与组织以及个人观点是分离的,事实上并不真正了解如何通过在组织内部协调这些技术,以使其产生积极效果。(Charlene,2010)

4. 评论

综观关于开放式创新模式的文献成果,不难发现,当前有关开放式创新的绝大部分研究都针对企业,但是,研究者普遍认为开放式创新是一种新的创新范式,认为组织或者个体的边界是可以渗透的,可以扩展到许多其他领域当中。这对许多其他领域的研究是一个非常值得扩展的理论基础。

搜索国内外关于领导力研究的文献,尚未找到本书的研究意义上关于开放式领导力的研究资料,但是,开放式领导力的概念在外文文献中已有提及。如 Charlene Li(2010)在 *Open Leadership* 一书中对开放式领导力作了详尽的介绍,阐述了开放与命令之间的紧张关系,巧妙地描述了使领导者在这个全新的开放文化之中如鱼得水的战略与策略,介绍了开放性的十大元素,如何精心制定开放战略,开放领导力的思维模式和特征,如何培养开放领导力,如何使组织向开放转型。Charlene 在书中提供了有助于组织确定开放策略的建议和指导原则,旨在揭示如何提高效率、增加交流,并且加快领导者和其组织的决策制定过程。Charlene 所提出的开放式领导力主要是针对企业的领导者和领导行为,但是,在为社会和企业提供优秀领导者的过程中,作为人才培养的主体,高校可以对大学生进行开放式的培养,让学生变得更加高效、果断,在开放性的新时代中,发挥具有开放式领导力的领导人才的巨大作用。

(四)大学生领导力研究现状

作为一个概念,自从 14 世纪开始,领导就跟语言联系在一起(Komives,et al.,1998),直到 20 世纪早期,领导学才开始被纳入学术研究的领域。过去的几十年对于领导的理解层出不穷。国内外学者对大学生领导力内涵的界定没有一致认可的定义,研究者可以从不同角度总结出不同的内涵或定义。但是,大多数领导定义都反映这样的假设,它涉及一个过程,一个人对其他人施加有意识的影响,去指导一个团体或组织中的活动并构建和促进他们的关系。对领导和领导力的研究,研究者从不同的角度可以总结出不同内涵的概念。

Burns(1978)认为领导是个人指导一个团体朝着一个共同的目标活动的行为,对组织日常活动产生机制性的影响,是个人运用制度、政治、精神和其他的资源去激起、促使和满足追随者的动机。

House 等(1997)认为领导是"个人影响、鼓动和促使其他人奉献于组织的效能和成功的能力",是在能实现的事情中阐明愿景、赋予价值和创造环境,并运用外界文化使其之更具有适应性变化的能力。

Daft(2005)认为领导(leadership)是存在于领导者与其追随者之间的一种有影响力的关系,在这种关系中,双方都寻求改变并期待其结果能够反映他们共同的目标。

Yukl(2002)在考察领导的多个因素后认为,这些因素决定一个团体或者组织的成员在完成有意义任务的过程中能否成功地做到齐心协力,给出了这样一个领导的定义:领导是让其他人理解和同意必须去做什么和如何有效地去做的过程,以及促进个人和集体努力去实现共同目标的过程。

领导在多大程度上被看成是一种个人影响行为,还是一种集体影响过程,影响着领导力在多大程度上被理解为一种个人能力,还是一种集体能力。(Rodgers,2003)有一种领导力观点是领导伦理对理解领导力本质有显著影响,认为领导力不是指一个人或者一个职位,而是指一种人际之间复杂的伦理关系,这种关系建立在信任、义务、承诺、情感或关于什么是善的共同价值观之上。甚至有人提出,领导力是日常的行为和想法,与组织中的实际职位无关。

领导力被理解为一种集体的能力,是一个组织的所有成员完成领导任务体现出的集体能力,强调的是一种合作的过程,一种社会性、关系型的过程,是人们的一种共同的努力,关注某一件事、某一种状况,对其充满了激情,与人一起努力并进行改变,这种改变让每个人都受益,并为集体创造利益。(McMahon,2000)

1. 研究评述

经过对国外相关研究文献的回顾浏览,可以发现大部分关于领导力研究的文献来自美国,这表明美国大学生领导教育的研究和实践在世界范围内处于非常前沿的位置。通过对手头文献的整理,不难发现,当前研究对大学生领导教育的讨论在其必要性和可教育性方面已经达成了共识,无论是从解决社会问题的立场出发(Watt,2003),从公民素质的立场出发(Marcy,2002;Langone,2004),还是从克服领袖危机的立场出发(Zimmerman-Oster & Berkhardt,1999),都对领导教育的必要性给予了肯定。关于大学生领导力的可教育性,领导学研究者都已经默认或预设了一个前提,那就是:领导力是可以通过教学和实践进行培养的。(Zeleny,1941)国外对大学生领导力培养的微观方面的研究主要涉及课程开发和课程模块研究、教育和教学方式研究、项目评估研究、个体研究等。

国内高校对大学生领导教育实践相对薄弱,主要的研究领域涉及对美国高校大学生领导教育的比较、国内高校大学生领导素质培养的调查和报道以及对高等教育培养领导人才的必要性和使命性的探讨。对于我国的高等教育而言,需要从指导实践的角度对大学生领导力的提升进行深入的剖析,具体而言,可以对以下三个方面进行进一步的深入研究:

第一,对大学生领导力影响因素的研究较少,尤其是基于开放式创新理论的研究更是鲜见。在领导力模型的研究上,国内的研究主要是以对美国高校大学生领导教育的比较研究为主,还包括一些对国内高校大学生领导力培养的调查分析,对影响大学生领导力提升的关键因素解析不足。

第二,对高校提升大学生领导力的机理和机制研究不足。领导人才是国家强盛不衰、长治久安的关键,培养和造就大批领导人才是高等教育的一项重要使命,高校培养和造就领导人才的方法,包括思想重视、教学改革以及氛围创设等,这些都涉及高校进行人才培养的机制和机理,而国内现有研究文献对高校如何提升大学生领导力的机理和机制缺少系统性的研究,绝大部分文献都是简单的对策建议。

第三,当前对大学生领导力的培养模式及影响因素的研究大部分都是一些定性的分析,很少有定量的实证分析,也缺乏典型案例的研究,因此,在研究方法上本研究可以做出新的探索,在开放式创新理论的基础上提出开放式领导能力的开发与提升模式。

2. 大学生开放式领导力结构的研究回顾

当前对于大学生领导力结构的研究,主要是基于大学生领导力的构成要素提出的,通过研究优秀学生干部的领导力特质来确定大学生的领导力要素,其中还加入了一些影响大学生领导力培养、开发以及领导力成果等的外部因素,如受领导力主要影响的大学生就业能力等。但是总的来说,从国内外关于领导力结构研究的文献看,有些研究提出的观点过于抽象以及理论化,缺少实践性和应用性;有些研究提出的因素比较片面,缺乏适用性;有些研究涉及的因素过于宽泛,无法聚焦。基于以上判断,本书认为以下关于领导力结构的研究可以作为本研究解析大学生开放式领导力结构的已有文献

理论依据之一。（见表 2-1）

表 2-1　大学生领导力结构模型

文献来源	大学生领导力结构模型
Sternberg(2003)	WICS领导力系统模型：创造力；成功智力，指生活中成功所需要的技能和倾向性，包括分析智力和实践智力；智慧，指的是通过成功智力、创造性和知识的使用达到共同利益，实现自己、人际之间、企业之间利益的平衡；综合能力，指能把各种能力融合起来的整合能力。
高冬东(2001)	经典著作中包含的领导能力模型：决策能力，包括广泛获取信息以及正确的决策思想；自律能力，指的是严于律己、自我表率；组织管理能力；人际协调能力，主要包括"和为贵""兼爱"的博大胸怀；应变能力，主要是因势而变的能力；选才用才能力，包括识人的能力、用人所长、容人之量等。
Chapman & O'nell (2004)	领导力模型的六个要素：充满理想色彩的使命感；果断而正确的决策；共享报酬；高效沟通；足够影响他人的能力；积极的态度。领导力是前五个要素和第六个要素的乘积。
中国科学院"科技领导力研究"课题组(2006)	领导力五力模型：前瞻力，对应于群体或组织目标的目标和战略制定能力；感召力，对应于或来源于被领导者的能力，包括吸引被领导者的能力；影响力，对应于影响被领导者和情境的能力；决断力，对应于群体或组织目标实现过程的能力，包括正确而果断决策的能力；控制力，对应于控制目标实现过程的能力。
Joanna & Aaron(2009)	重心平衡式领导力模型五大要素：发现意义——发现自己的长处和实力，将其应用于工作中，以达到鼓舞士气的目的；积极心态——采用更具建设性的方式来看待自己的世界和处理事务，即使在遇到困难时，也要保持达观；建立关系——建立强大的人际关系网，增强自己的归属感；积极参与——超越自我，抓住由于自身的恐惧而可能放弃的机遇，并承担随之而来的风险；管理精力——以可持续和可再生的方式管理自己的精力。
Li(2010)	开放式领导维度：乐观的精神、好奇心、谦逊、合作精神。
翁文艳(2011)	大学生领导力项目六个领导力特征：自知能力，即反思本人的领导风格和领导经验，了解优势并控制不足；有效处理人际关系的能力，包括解决和管理冲突的能力、通过谈判得到合理解决途径的能力、授权他人的能力等；灵活的适应能力，包括多元文化的适应能力、团队合作能力、多视角分析问题的能力等；创造性思考的能力，包括批判思维能力；承诺服务的能力，包括服务意识和人际敏感能力；把握公共政策的能力，包括社会责任感、了解公共政策和政策开发的能力。

续　表

文献来源	大学生领导力结构模型
海问联合公司（Bigby，Havis & Associates）（翁文艳，2011）	全球领导力模型：远见、决断力、领导变革、确信和坚持、商业敏锐度、计划与组织、推动取得成果、正直、持续学习、影响力与说服力、管理他人、辅导和发展他人、激励他人、关系管理、书面沟通、演示技巧。
许国动（2011）	大学生领导力模型由封闭式和开放式两个系统构成。封闭式系统包括外部资源和内部资源，涉及外部参与力和自我提升力，分为传达、逻辑和意志；开放式系统包括思维力、亲和力等 12 种能力。

上述模型都对大学生领导力结构的各个构成要素进行了解析，关注的因素包括学习能力、创造力、沟通协调能力、决策能力、合作能力等，本研究将以上述观点作为解析大学生开放式领导力结构的依据。

第二节　研究设计

（一）关键问题

根据国内外研究的回顾和中国高校大学生领导力培养的现状，本书将基于以下关键问题开展研究：

面对全球化和知识经济不断深化的竞争环境，大学生的核心竞争优势是否对领导力素养提出了新的要求？基于以往的研究和现实环境的分析，大学生领导力的内涵又将有哪些变化？

哪些因素在影响大学生领导力的形成？在当前日益开放的创新环境中，大学生是否需要和如何建构"开放式领导力"？开放式领导力的形成对提升大学生核心竞争力有哪些益处？

基于影响因素的分析，我们是否能够结合现有的培养体系，为大学生"开放式领导力"的提升提供恰当的培养机制和环境？通过高校的新型组织结构设计、针对性的师资储备和校园文化等要素的设计,是否可以为该培养目标的实现提供有效路径?

从研究体系上来说,首先,基于大学生领导力的国内外研究,结合中国大学生领导力的现状,如何构建本研究的开放式领导力概念和模型是一个基础问题。从现有的研究中整合大学生领导力的概念和构成要素,进而获得作为本研究基础的开放式领导力模型,是首先需要在本研究中加以解决的问题。

其次,根据相关理论和调查访谈获得大学生开放式领导力的影响因素,以及对其如何进行界定和整合是本研究关键问题之一。国内的大部分研究都没有对大学生领导力的影响因素作深入的分析,因此本书将重点研究大学生领导力的影响因素,主要是高校如何影响大学生开放式领导力的因素解析。包括如课程活动、跟课程相关的活动、社会实践活动、各类校内外课外活动、大学的声誉、教师的知识结构和能力、评价学生的方式、跨学科的培养、学校的设施,等等,这些因素影响大学生开放式领导力重要程度及路径是怎样的,对其实证定量分析如何进行?

最后,高校内部如何构建提升大学生开放式领导力机制是本书研究的最终目标。高校是大学生领导力培养主体,高校内部如何通过组织架构的改革、教师管理体制的改革、大学生培养机制的改革、高校如何建立与产业界的互动反馈机制等内部体制和机制的改革来提升大学生开放式领导力是本研究的主要问题,也是主要的研究目标。

(二) 主要内容

本研究将主要针对以下内容展开:

其一是大学生开放式领导力概念及其培养理念和途径的界定。现有研究对大学生领导力的内涵没有清晰一致认可的界定,因此本研究在结合我国大学生领导力发展现状和现有相关研究的基础上,提出大学生开放式领导力培养及其培养理念和途径的概念。

其二是文献述评与理论基础的分析。本研究将通过对国内外相关文献的收集阅览,对领导相关理论、领导力相关理论、开放式理论、教育与职业关系理论等进行述评,对主要内容做深入的归纳与总结,为进一步研究提供理论基础。

其三是领导力模型的构建。基于理论,从大学生开放式领导力的概念出发分析研究大学生开放式领导力构成维度、大学生开放式领导力影响因素,在此基础上通过问卷调查收集数据,对上述影响因素进行统计测量分析和定量研究。从领导理论、能力发展理论和开放式理论出发,分析研究大学生开放式领导力构成维度和影响因素。大学生开放式领导力影响因素包括高等教育组织能够直接或较大程度上能够影响的因素,如课程活动、跟课程相关的活动、社会实践活动、学校声誉、学校的设施、教师的知识结构能力、学业评价方式、跨学科培养,等等,以及高等教育组织或大学无法直接或不能影响的因素,包括宏观经济、劳动力市场政策、大学生个人基本属性(性别、种族、价值取向以及家庭背景等),等等。

其四是案例研究。结合上述理论分析,针对美国加州大学伯克利分校,以及以培养德智体美劳全面发展、具有全球竞争力的高素质创新人才和领导者为人才培养目标的浙江大学的大学生领导力培养实践进行案例研究,分析其提升大学生开放式领导力的体制和机制安排。

其五是高校提升大学生领导力的机理和机制与路径研究。基于上述领导力模型和影响因素的定量分析、实证研究基础,结合领导理论、领导力理论、开放式理论、教育与职业关系相关理论,厘清高校培养大学生开放式领导力的机理,提出提升大学生开放式领导力的机制,分析高等教育组织内部如何通过体制、机制的设计和运行来提升大学生开放式领导力。

(三) 基本思路

根据上述研究内容和目标,结合提出问题、分析问题和解决问题的基本思路,本书的研究思路如图 2-6 所示。

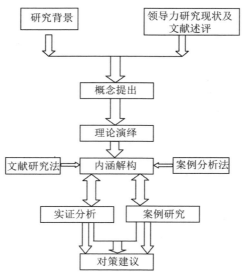

图 2-6 本书研究的思路

（四）本书的章节安排

根据上述研究思路，本书将分为七章，具体章节见图 2-7 所示。

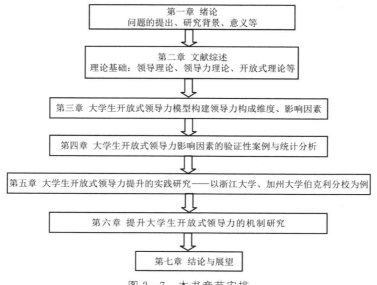

图 2-7 本书章节安排

第一章,绪论。绪论主要就研究背景提出问题,说明本研究的现实与理论意义,明确研究对象和关键概念,阐述研究内容、方法及预期创新。

第二章,领导和领导力相关理论述评。在领导力理论、开放式理论等理论的文献研究基础上提出对领导力内涵与模型的理解,为进一步的分析提供理论基础。

第三章,开放式领导力模型的理论构建和影响因素的研究。主要对领导力框架进行研究,包括领导力的构成因素、领导力影响因素和对领导力影响途径分析等。

第四章,对大学生开放式领导力模型和影响因素进行验证与统计分析。通过对问卷收集的数据进行统计分析,运用 SPSS 统计工具、AMOS 统计工具进行相关模型的分析。

第五章,对国内外高校对大学生开放式领导力提升的实践进行研究。国内选取了以培养具有全球竞争力的领导者为目标的浙江大学,国外选取了具有多元文化环境的美国著名公立大学——加州大学伯克利分校,对两所高校提升大学生开放式领导力培养机制的相关实践进行案例研究。

第六章,提出高校在现有背景下如何通过高校组织内部的制度安排和机制设计与运行来提升大学生开放式领导力。

第七章,研究结论与展望。本章主要围绕以下两方面工作展开:第一,对本研究进行总结;第二,概述本研究在理论和方法上存在的不足及对今后进一步的研究方向进行前瞻。

(五) 研究方法

基于上述研究内容,本书将采用以下研究方法:

文献法。在研究过程中,通过对大学生领导力和开放式理论等相关文献的阅读、分析和整理,进行定性分析,来对大学生开放式领导力的内涵进行界定,构建大学生领导力模型。同时对相关理论进行总结和整理,从中发现问题,为本书的写作打下基础,从而使本书在继承前人研究的基础上有所创新。

问卷调查法。针对大学生开放式领导力模型和影响因素的解析,从实证角度来进行分析,根据编制调查问卷的原则和要求,针对浙江大学本科阶段最后一年的学生进行调查,调查对象主要是竺可桢学院的毕业班学生,基本已经对本科阶段的学习与培养方法有了一个比较明确的认识。

定量分析法。本研究在对相关文献采用定性分析的基础上,提出开放式领导力模型和影响因素的分析,通过调查问卷收集的数据进行定量分析。本研究预计将采用统计分析方法,运用 SPSS 统计工具、AMOS 统计工具进行研究,得出大学生领导力建设过程中的关键能力项,以及各种主要的影响因素及其影响路径。

案例分析法。本研究根据定义提出领导力的概念及模型,将以培养具有国际视野的未来领导者为目标的浙江大学为例,对其进行实证分析,并检验大学生开放式领导力模型,以及分析现状,并修正开放式领导力的概念。同时,选取加州大学伯克利分校作为美国高校本科生领导力培养的一个例证,对其大学生领导力提升的实践进行考察。

(六)创新点

当前大部分关于领导力培养的研究都是针对企业类组织进行的,关注点是某个人(领导本人)的利益或者更多的利润创造,很难归类于高等教育领域的领导力培养。为数不多的高校领导力培养研究主要着眼于高校校长和高层管理人员,关注到普通教师和基层管理人员的很少(Kezar,2002),而跟影响大学生领导力培养因素相关的研究就更少了。较多文献通过描述性的介绍,强调已经成为学生领导的大学生的一些个人经验,正规的大学生领导力培养的研究还需跟进。简言之,高校环境如何促进本科生的领导力发展还需更深入的研究。

本研究主要考察的是大学本科生开放式领导力的培养模式,尤其是本科生大学生活的哪些方面能够促进他们的领导才能和兴趣的发展,从一个更广的角度来研究本科生领导力的培养,使得判定大学教育的哪些因素可以促进大学生领导力发展成为可能。大学生开放式领导力培养研究的必要性体现在很多方面,在可以预见的未来,培养未来领导者将一直是高等教育的一个中心任务,因此对于如何促进大学生领导力提升的信息是亟需的。而随着社会各个层面对于具有领导才能毕业生的需求持续升温,更显示出了这方面培养的重要性和紧迫性。对于高校而言,如果有一个明确的概念,明白校园经历如何能更好地影响本科生领导力培养,那么,我们的高等教育就可以为社会提供更好的人才。

基于此,本研究的主要创新点如下。

创新点一:本书提出了开放式领导力的概念,把大学生领导力研究跟开放式创新理论结合起来,提出大学生开放式领导力的概念,是理论研究上的发展。当前的开放式创新的研究主要涉及的是商业企业组织,这些研究的理论视角主要反映了经理人对于最重要的领导力特征的认知,但却很少有可以直接应用于大学生领导力培养的。本书关注的大学本科生开放式领导力的培养模式以及影响因素,加入了开放式培养的理念,研究大学本科生在学校环境当中领导力得到提升的影响因素的各个方面以及他们将如何对此能力进行演绎,提出大学生开放式领导力培养的模型。

创新点二:大学生开放式领导力影响因素的解析。根据大学生开放式领导力概念和构成因素,结合理论和调查定量分析,对大学生开放式领导力的影响因素提出本研究的观点。

创新点三:高校提升大学生开放式领导力机理与机制的研究与设计方面。基于大学生开放式领导力模型的研究结论,厘清高校提升大学生开放式领导力的机理,研究高校促进大学生领导力提升的机制,包括提出高校组织内部体制与机制安排如何更好地作用于领导力的影响因子和途径,进而提升大学生开放式领导力。研究明确了高等教育如何影响大学生领导力的发展,把领导力研究更深入地引入高等教育领域是对该理论的推进,研究结果也将对高等教育的管理实践和人才培养具有积极的借鉴意义。高校作为潜在未来领导者的主要培养机构,让更多的人才在这里脱颖而出,成为各行各业新的领导者,应该是其面向未来发展的重要使命之一。

本研究结果可以填补相关方面的研究空白,并为相关人员提供参考信息,让他们可以为所有的学生提供更好的领导力培养机会,作为潜在未来领导者的培养机构,让更多的人才在这里脱颖而出,成为各行各业新的领导者。

本章小结

本章主要阐明了本书的研究背景以及选题意义,从大学生领导力的研究现状出发,对本书的研究内容进行了界定,明确了拟研究的关键问题,并确定了研究的基本思路和章节安排,同时,结合研究方法的选择,提出了本研究预期的创新点:提出了大学生开放式领导力的概念,解析了大学生开放式领导力的影响因素,并针对高校进行大学生开放式领导力开发提出了实现路径和措施。

第三章　内涵解构

第一节　大学生开放式领导力结构模型的构建

　　第二章关于领导力理论的文献概述,梳理了许多学者对领导力结构进行的各个层面的研究。本书对领导力结构的研究则主要以大学生为主体,围绕大学生开放式领导力结构的构成要素展开。

　　大学生开放式领导力是一种综合的个人能力,对学生的就业能力等都有着重要的影响,要更深入地明晰其内涵,需要对其能力结构进行进一步的解析,大学生开放式领导力结构的解析以能力结构理论为基础。本研究的大学生开放式领导力结构,指的是大学生领导力结构的构成要素,结合开放式理论,提出大学生开放式领导力结构的构成要素。本章对"大学生开放式领导力"概念模型的构建,在结合第二章文献研究结论的基础上,也将再依据已有理论研究和案例研究资料对模型中将要涉及的若干要素进行分析和提炼,并对所提出的概念模型及其要素进行理论建构的论证,完成本研究对于大学生开放式领导力的概念建模,为此后要开展的实证分析提供理论基础。

　　大学生开放式领导力结构构建的基本出发点就在于指导未来的工作,这也就是通常模型构建的主要功能,主要是为未来的实践进行理论的指导,以对某一问题或者现象进行清晰的解释并对该问题或现象进行指导。因此构建大学生开放式领导力结构模型应该遵循的原则,具体包括:(1)构建的大学生开放式领导力结构模型,能够清晰地表明大学生开放式领导力涵盖的内容及其重要关注点;(2)构建的大学生开放式领导力结构模型能够被相关人员识别和理解,包括学生、教师以及教育管理者和研究人员等;(3)构建的大学生开放式领导力结构模型能够较好地指导实践,为各个利益相关方在培养大学生开放式领导力过程中的行动给予指导;(4)构建的大学生开放式领导力模型具有一定的拓展性,即可以通过对该模型作细小的修改,就将该模型应用到其他研究对象。(Rothwell,2007)

高等教育的一个重要目标之一,就是为社会培养未来领导者。在一个变革成为社会常态的环境下,各层领导者需要处理各层各面的问题,家庭问题、单位问题、城市问题,直至贫困问题、种族问题、政治问题、国家问题,等等。每个人都会面临需要自己运用领导能力的机会,这样领导行为就会在各个方向发生,而并非如传统观念所理解的总是自上而下。作为学生个体塑造自我的关键时期,大学生比成人更具可塑性,这个培养大学生领导素质的阶段,是大学生自我发现的阶段,是挖掘潜能、明确理想与未来道路以及发展方向的阶段,学生的领导价值观往往会在这个阶段形成,学生本身所具备的领导潜力也容易在这个阶段得到开发发展。从学生培养的整体来看,大学生领导力培养应该是高等教育的一项重要改革,这是创新机制中教学改革的路径之一,让学生具备对客观世界的更为深入的理解和认同。可以说,作为一种综合的素质,领导力可以是提升大学生公民素质的重要途径。大学生领导力的成功培养更是有助于提升他们的就业与创业能力,在适应工作环境与社会方面的成效也非常显著。因此,在知识经济时代,除了给社会提供知识,把握住大学这个关键时期,为社会和产业界输送高质量的人才至关重要,这是增强国家竞争力的一个重要因素。

自从20世纪70年代美国高校开始纷纷开展大学生的领导教育以来,学生领导力的开发与培养在各国渐次展开,其关注的领导力特征比较集中。如哈佛大学、芝加哥大学、沃顿商学院等 8 所美国高校的大学生领导力培养关注的领导力特征主要包括:沟通能力、自信心、想象力、创造力、生涯发展、领导意识、团队合作、团队的信任与道德、授权、影响力、冲突和解决等。(翁文艳,赵世明,2011)但是,在大部分对这些能力的研究中,研究人员甚少关注大学生的专业知识和技能,也缺乏对个人特质的关注。另一方面,在共同的时代背景之下以及因为全球化程度的进一步加深,领导教育的实践有着一定的共通性。但是,对于中国高校来说,领导力培训的相关实践尚很薄弱,面临的问题也非常明显,鉴于中国在政治、经济、文化和历史等方面跟其他国家存在的差异性,我国大学生领导力培养的教育实践不可能也不可以照搬国外的经验。当前国内的领导教育关注的主要集中于岗位培训性质的企业以及一般的管理机构,而针对大学生的领导教育所关注的主要是自知能力、人际关系、适应能力、创造力等,甚少涉及旨在培养开放式领导者的大学生领导教育。

　　Amabile(1983)曾经提出过一个著名的创造性构成成分理论,认为创造力是由三种成分构成:个人的专业技能,包括专业知识、技术及专业领域内的天赋;与创造力相关的技能,包括正确的认知风格,产生新奇想法所需的内在或外在的知识;创造工作动机。而 Eysenck(1995)通过对杰出人士的研究认为,三个重要的决定因素对其成功起到了关键的作用:认知能力,例如智力、获取知识的能力、技术或特长;环境因素,如政治宗教、社会经济、教育等;个人的特性,如自我激励、自信心、耐心以及原创力等。

　　基于构建大学生开放式领导力结构模型的原则,对开放式领导力概念的界定以及国内外创造力、领导力模型的整合,本书将大学生开放式领导力模型界定为以下几个构成要素:专业知识和技能、通用技能、个人特质、开放式洞察力,如图 3 - 1 所示。这些开放式领导力结构的构成要素之间相辅相成,而非完全独立,每一个能力结构构成要素的提高都会对大学生开放式领导力的整体提升产生重要的影响。

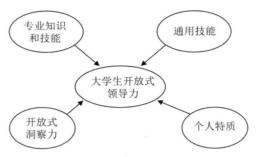

图 3-1　大学生开放式领导力结构模型

1. 大学生开放式领导力结构的专业知识和技能要素

开放式的环境中,随着大学生开放式领导力概念的提出,社会越来越要求大学生拥有与其学历相称的专业知识和技能,尤其是符合社会需求的知识和技能。英国就业和能力委员会 UK Commission for Employment and Skills,UKCES(2009)指出,大学生就业能力必然包含专业的知识和运用专业的技能。大学生如果只有一般的知识,而没有专业技能,在其职业发展中是无法取得显著成绩的。(Davis et al.,2002)

接受高校毕业生的用人单位面临的是一种以知识为基础的更高形态的竞争,在这种竞争过程中,企业等用人单位的优势首先在于人才的专业知识与专业技能的较好掌握与运用,以及在此基础之上的知识管理和知识创新。专业知识和专业技能的良好掌握,可以使所培养的人才对信息和知识进行有效识别、获取、开发、分解、组合和应用,这就涉及学生的信息知识识别能力、获取能力以及应用能力,这是综合的能力素质,要求学生具备专业的知识和运用专业的技能,这对其职业生涯的发展是至关重要的。

虽然目前许多的职业岗位对从业人员的专业背景和技能要求不明显,但是据调查,仍然有相当一部分的职业要求学生具有特定的专业背景。用人单位在进行招聘时,其关注的众多因素当中,毕业生是否出色地完成了所学专业的任务是其中最重要的项目之一,从某种程度上来说,领导者必须具备学科方面的深厚知识。而多个领域的创业人才所从事的创业活动,绝大部分都与自己所学专业相关。

因此,专业知识和技能的掌握和恰当地运用作为大学生在校期间的中心任务,是其开放式领导能力结构中关键的因素之一。

2. 大学生开放式领导力结构的通用技能要素

专业技能在大学生未来的职业生涯中的重要性非常明显,但是,如果把人束缚在一个狭窄的知识或技术领域,培养出的"专业化的人"就会缺乏全面的知识结构。在多元化的工作环境下,仅仅具有专业技能已经不足以应对面临的复杂情况。面对当今社会重大问题的挑战,领导者需要运用各种综合的能力,理解社会的多样性和复杂性,以开放式的视角寻找潜在的答案以及有效的解决办法。美国耶鲁大学校长 Richard Charles Levin 认为,在当今世界"学生仅仅具有专业性的知识是远远不够的","必须要有批判性的思考、创新的能力","要培养他们的好奇心,严密的逻辑思维和独立思考、实际解决问题的能力"。(Oseph,1999)同别人一起或为别人决策、指导别人、监管别人、向别人传递组织的愿景和价值观、评估别人的绩效,这些都将是大多数毕业生在职场上面临的工作内容。哈佛大学本科生院的使命陈述中强调,哈佛的教育应该鼓励学生去探索、创造、挑战、领导,让学生全面参与,鼓励他们尊重思想和思想的自由表达,乐于进行批评性的思考,以富有成效的精神追求卓越并对个人行动的后果承担责任,最大限度地发展自己的智力和潜能。(Richard,1986)这些能力都是开放式领导力结构当中的通用技能要素。

随着科学技术的进一步综合化,社会越来越需要的是对社会负责任的,道德、情感、智力以及体力全面发展的人才。2000 年,美国全国大学和雇主协会的一项研究发现,雇主所希望大学毕业生具备的技能包括人际交往、团队工作、口头沟通、分析、计算、书面沟通和领导七项,这当中有六项跟领导相关,而雇主所需的前十位个体素质包括:沟通技能、内驱力/主动性、团队工作技能、领导技能、学术成绩/GPA、人际交往技能、灵活性/适应性、诚实/正直、工作伦理,与工作伦理排名并列的是分析/问题解决技能,在这些雇主对毕业生个体素质的要

求中,又有至少七项与领导有关。(Ricketts & Rudd,2003)

作为全面素质重要组成部分的领导素质,在其他各项素质中起着统领的作用,领导力培养与大学生通用技能的培养之间有着相辅相成的关系,领导力教育是通识教育的补充,又在一定程度上使通识教育得到升华,而通识教育则是领导力教育的有力支撑。美国领导教育专家 Robert E. Colvin(2003)曾经指出,通识教育不仅在个人素质与能力方面,而且在领导的伦理维度上能为大学生领导力的形成和发展提供智力、行为、情感和意志基础。房欲飞(2007)总结了以往研究中关于通识教育所应关注的关于学生发展的内容,包括发展理智和伦理判断力,扩展文化、社会和科学视野,帮助了解参与民主和全球事务并为他们融入动态经济体做准备,成功的领导力五要素与通识教育使命紧密结合,包括挑战常规程序、激发共同愿景、使他人能够行动、示范达成愿景的方式和鼓舞心灵。

3. 大学生开放式领导力结构的个人特质要素

个人特质是一个古老的概念,早在公元前 6 世纪,中国诸子百家的老子就曾经描述了高校领导者的品质,用现在的话说就是,智慧的领导者是无私的、诚实的,其行动符合时机,能公平处理冲突,还能够做到"放权"。在人才培养过程中理解的特质,可以指个性、性情、性格和能力,也可以是一个人的个人属性和长期品质。对于学生而言,个人特质和态度,也就是情商,可以在其大学期间得到很好的培养。情商包括自我意识、控制情绪的能力、在困境中仍然充满希望和保持乐观、体察别人感受,以及较强的社会和人际沟通技巧。

领导角色所需的个人特征包括智慧、自信、决心、正直和社会交往能力等,高校把大学生培养成合格的人才,需要鼓励和培养学生的好奇心、自信心、责任感,开放的心态和良好的沟通能力,需要培养学生在社会情境下认识问题、分析问题、理解问题的能力,以及与人相处并尊重他人的能力。据研究,高情商的毕业生具有更强的内驱力以及自我效能感,这种能力能使其更容易获得工作,更容易进行学生和职业人的角色转换。一旦进入工作角色,

这些学生比内驱力弱、自我效能感低的学生更容易获得工作的满足感和获得高绩效。(Judge & Bono,2010)

高校为社会提供优秀毕业生,其个人情商这一维度已经成为用人单位需要考虑的重要因素,事实上,对于个人的职业发展而言,其特质和情商也是影响其取得成就的关键因素之一。高校在人才培养各要素中加强学生的个人特质的引导与培养,是除却让学生获得专业知识和专业技能要素之外的又一重要任务。而从培养成效来说,学生的特质或者情商能够在高校得到较好的培养与提高,而且这种提高与其在学校的绩效呈明显的正向关系。(Jaeger,2003)领导生涯中必不可少的特质还包括道德、伦理和精神等各个维度,这些精神方面的内容往往被视为有效领导力的灵魂。

因此,高校在进行大学生开放式领导力开发的时候,需要加强学生个人特质的塑造,在给予学生扎实的知识和相关技能的基础上,提升学生的情商。

4. 大学生开放式领导力结构的开放式洞察力要素

2006 年,"大学生领导才能研讨会"在香港及深圳召开,会议旨在为各地学生领袖拓展国际视野、提升领导才能提供一个交流和学习的平台。作为会议主体发言人,香港城市大学教务长 Li Lian 指出,大学生应当关注社会,造就自身领导才能,突破、超越自我,努力追求人生更高理想。(Onlyqshen,2006)

开放式洞察力培养是提升大学生开放式领导力的一个重要因素,拓宽学生国际视野中很重要的一项就是国际化培养。国际化是指一国政府、机构、群体或者个人为应对全球化趋势、力量和挑战而主动采取的对策和措施,注重的是平等合作、共同理解、双向交流、互利互惠,重视社会、文化、教育、经济等各种理念的综合协调和相互融合。(Yang,2002)对学生进行国际化培养,能让高校在参与国际竞争和合作的过程中更加具有优势和发言权,在融入世界知识体系和参与平等交流及竞争的过程中处于更加主动的位置。

全球化的视野是开放式洞察力的重要构成之一,随着国际交往的日益频繁和信息技术的不断进步,全球化的步伐要求领导者必须具有全球化的视野。为了更好地培养学生的全球化意识,让学生拥有全球化的视野去理解、分析和解决问题,高校采取了各种措施。早在 2001 年,耶鲁大学在 300 年校庆之际成立了全球化研究中心,同年还推出了名为"世界学者项目"的计划,吸引世界各地的年轻人到耶鲁研讨全球化问题。2003 年,又创办了"耶鲁与世界"网站,为全球化的研究与交流提供了一个平台。这些措施对学生全球化视野的培养具有重要的推动作用。

从形式上来看,国际化培养的方式有很多种,可以是与国外高校联合培养学生,可以是请国外高校的教授学者为学生授课讲座,也可以是派遣交换生在国外高校进行一学期或者一学年的学习,或者是让学生参加国外高校开设的暑期课程或者科研项目。对于所培养的学生而言,国外学习经历受到校园环境、教学方式和课外活动的影响,同时还受到跨文化适应情况和社会支持的影响,能让他们努力学习适应当地的社会文化环境;而把国外的教授学者请到本校学生的课堂中进行授课,则可以让更多的学生体会到不同的教学方式和理念对自身综合能力提升所带来的影响,用不同的视角分析社会问题和社会现象。

第二节　案例探索

(一) 大学生开放式领导力的影响因素

从不同角度出发,研究人员对领导力的论述侧重点有所不同。国外大学生领导力研究关注的领导力特征主要是自知能力、人际交往能力、适应能力、沟通能力、服务能力、社会责任感等。纵观国内文献对领导力特征的研究,毛泽东同志强调的领导能力包括:决策能力和选才用人能力;应变能力;人际关系协调能力;组织管理能力;言语表达能力;自律能力(毛泽东,1991)。邓小平同志在毛泽东的观点基础上着重强调了自我提高能力、自律能力以及用才能力(高冬东,2001)。国外企业界提出了各自关注的领导能力指标,如 IBM公司:书面交往能力、行政管理能力、人际接触能力、决策能力、对应激的抗拒力、计划与组织能力以及口头交往能力;AT&T 公司:组织与计划能力、决策能力、创新能力、人际关系能力、应激能力、口头交往能力、自我了解能力以及延迟满足的能力。

　　本书研究大学生开放式领导力的影响因素主要指的是高等院校影响大学生开放式领导力结构四个要素的各种因素。综合已有文献的研究结果,高等院校大学生开放式领导力的获取主要有三个层面的影响因素:个人层面、组织内部层面以及组织外部层面。个人层面的开放式领导力影响因素,指的是大学生从个人的角度出发进行领导力开发,包括自己的领导意识、学习能力和信息获取能力,培养自己解决冲突的能力等。组织内部层面的开放式领导力影响因素,即高等院校针对培养大学生开放式领导力采取的一系列举措,包括学科专业的设置调整,专业培养方案的更新,领导力课程以及适合个性发展的课程开设,发挥学生的领导力潜能等。组织外部层面的开放式领导力影响因素分为两个层次,一个是高校外部利益相关者对大学生开放式领导力开发培养的正面支持,另一个是宏观层次的影响因素。前者包括产业界与高校合作,提供给学生在企业的实习机会,大学生到国内外其他高校进行课程、科研学习等机会,甚至业界和其他高校跟学生所在高校共同制订学生的培养方案等;后者作为宏观层次的影响因素,主要指政府支持或者参与大学生开放式领导力开发的过程,包括通过政策法规鼓励高校开展并实施学生开放式领导力的培养计划,以政府奖学金等形式为具有领导潜能的学生提供出国交流等机会。

　　事实上,无论是学生个人层面的影响因素,还是高校内部或者外部的影响因素,上述三个层面都可以通过高等院校组织建立各种机制得到实现或部分实现。根据已有的文献,研究人员普遍认为高校可以通过教育体制和管理制度的改革来进行大学生开放式领导力的开发和培养:学生个人层面的影响因素,包括学生的学习能力、领导意识等,可以通过高校的活动来实现;组织内部层面,即高校层面的影响因素,本身就是本书研究的关键所在;而组织外部层面,高校与利益相关者沟通与协作的程度,以及高校充分利用宏观政策层面的有效性,都可以成为高校培养学生开放式领导力的直接动力。因此,无论是基于学生个人、高校本身,还是利益相关者或者国家宏观政策环境,高校都是培养学生开放式领导力的核心主体所在。这四个主体,高校为核心,在一种有效的运行机制基础之上,通过各种途径对大学生开放式领导力进行开发,而政府和企业等利益相关者对此进行积极的参与,由此,才有可能达到高校、大学生、企业等其他利益相关者以及政府的共赢。

基于以上分析,本书对大学生开放式领导力开发机制的研究集中在基于组织层次的视角之上,亦即以高校为核心主体的层次之上。因此,本书大学生开放式领导力的开发机制研究就是研究高校如何进行大学本科生的开放式领导力的开发,通过能力开发途径的变革与创新来进行人力资源、人才领导力的开发,这是高校进行人才培养的一个重要目标,提高大学生综合能力,为瞬息万变的世界以及越来越面临着快速变革的组织提供优秀的领导型人才,进而提升人才培养的质量以至高等教育的质量。本章接下来将在此基础之上,结合以往的文献研究以及案例分析等,来进行大学生开放式领导力关键影响因素的识别。

(二)国外高校大学生开放式领导力开发实践的探索性案例分析

我国《高等教育法》第五条中对高等教育的任务是这样描述的:高等教育的任务是培养具有社会责任感、创新精神和实践能力的高级专门人才,发展科学技术文化,促进社会主义现代化建设。我国的高等教育进入了大众化阶段,高等教育系统也随之出现了多样化的趋势,为社会提供的人才类型差异性也日趋明显,如研究型大学培养的是创新型研究人才,独立学院以及职业技术学院等培养的则更多的是应用型人才。但是,无论是哪种类型的人才培养,高等教育的目的都应该是培养具有出类拔萃的学科知识、优秀的组织管理能力和领导才能的综合性人才。本书的研究重点是大学生开放式领导力的开发,以大学生开放式领导力的培养和提升为目标,在能力开发模式的构成要素基础上进行影响因素的具体化分析。本节将通过国外高校大学生领导力开发的实践来总结大学生开放式领导力的影响因素。

建立在实践观察基础之上的理论研究,是在变量的描述和测度之上,形成具有翔实的现实基础,用于指导进一步的观察、变量描述和测度的理论知识,这样的理论知识才能更好更完备地指引未来的发展方向。案例研究能够给研究者提供系统的观点,通过对研究对象进行直接的考察与思考而建立深入和全面的理解。本书将对美国、欧盟国家和日本高校大学生领导力培养与开发的实践进行考察与分析,期望从国外高校的实践中总结出高等院校大学生开放式领导力开发的影响因素。

1. 美国高校的实践

美国高校在大学生领导力开发与培养方面是走在最前列的,无论是理论研究还是实践经验,都已非常成熟,效果也十分显著。其主要现状可以概括为以下几点:

第一,高校把领导力培养视作高校基础教育的内容。从 20 世纪 50 年代开始,美国颁布了一系列的政策法规,以使教育适应现代科技的发展。当前,在许多美国高校的办学理念中,学生领导力培养已经成为提升学生的公民素质、开展公民教育的重要途径。在美国,已经有 1000 多所大学在课堂教学、课外活动或专题项目中注重开发学生的领导力,并且已经取得了较好的成效。(翁文艳,2011)美国的教育理论工作者不断丰富和完善领导力教育,在这方面的探索和成就处于世界先进水平。

第二,培养模式主要分为"精英"模式和"大众"模式,这两种培养模式都是以学生为主体进行设计运作的。"精英"模式对申请参加的学生设立了一个非常严格的竞争性选拔环节,限定参加的人数,以确保参与学生的积极性和主动性。比如,美国加州拉文大学的"领导教育与开发"项目,只针对二、三年级的学生开放,并对其有一个最小累计 GPA 要求,另外的申请条件还包括高度的成就动机、良好的精神品格以及领导特质,等等。而"大众"模式则是高等教育大众化的一种延伸,对任何在校生都开放,唯一的条件就是对自身领导力培养的需求与兴趣。"大众"模式的极致就是"普及"模式,即把领导力教育设立为专业课程的有机组成部分,面向每个学生进行教学。在这种培养模式之下,学生是信息加工的主体,而教师则是课堂教学的组织指导者。

第三,通过各种形式的培养途径来提升学生的领导力素质,具体包括设立制度化的培训项目、推广领导力证书考试以及课外活动,等等。前两类主要内容是在学校内部设立专门的制度化的领导力教育项目,并用"领导力证书"(Leadership Certification)和"高级领导力证书"(Advanced Leadership Certification)等来激发学生领导潜能的发挥。学生学习的主要内容不是教材,而是通过其他途径进行自主学习。以课外活动培养领袖人才的典型代表就是耶鲁大学,"在课外活动中培养学生的领导能力"是耶鲁校长 Richard Charles Levin 给出的领袖培养秘诀。耶鲁鼓励学生创新并尝试各种新鲜的、自己感兴趣的事物,通过资金投入等各种形式鼓励各种社团活动的开展,使其成为培养学生领导才能的实验室。

第四,理论课程和实践课程相结合,把领导力开发和培养纳入课程教学体系。理论课程包括核心课程和渗透课程,以 Ricketts 和 Rudd 为代表的研究人员提出,在正规教育中培养青年学生领导力的教学课程模块包括五个维度:领导相关知识与信息,领导意识、态度与愿望,决策、推理和批判性思维,人际交往能力,口头和书面沟通技能。(翁文艳,2011)实践课程主要包括校园文化,社团活动,社区服务以及来自企业、学长的指导等各类活动形式。这方面做得比较成功的案例有加州拉文大学,这个学校的学生领导力教育项目致力于将领导学理论、经验、实践研究相融合,培养学生领导力的综合素质。根据美国哈佛大学 2006 年实施的《美国通识教育工作小组初步报告》建议,新通识课程体系将分为三大部分——知识、技能和活动,其中知识板块包括文化传统与变革、道德生活、美国与世界、理智与信仰、科学技术等五个领域,技能板块包括文字与口头表达、外语、分析推理,活动板块包括基于活动的学校等。(Harvard University,2006)另一方面,为了适应全球化趋势,美国高校在本科教育阶段的课程设置中融入了国际化的内容,以开阔学生的国际视野,进行开放式培养。

第五,领导力开发项目的教学形式非常丰富,常见的有课堂教学、工作坊、研讨班、导师制、角色扮演、专家讲座、案例学习等,还有通过评估性测试进行的自我评价和反思,撰写领导力日志,在户外进行团队活动、拓展训练、体能挑战等非常有特色的方式。这些教学方式强调学生主动学习的重要性,引导学生在知识接受与运用体验中了解领导力的各要素特征,以进一步促进学生人生价值观以及世界观的形成与完善。如罗特格斯大学在进行女子领导力教育时,通过改编以政治危机著称的电视节目《危险边缘》(*Jeopardy*!),向学生教授关于历史上及当代女性在政治中的地位等相关知识。(翁文艳,2007)另外一种在美国高校实施领导力培养过程中得到很大发展并呈现多种模式的教学形式是探究式学习。实施探究式教学来培养学生领导力的美国高校包括哈佛大学、斯坦福大学,以及加州大学各分校等著名大学。通过开展跨年级专业性的学术研讨课程、跨学科综合性的专题学术研讨课程的学习模式,锻炼学生的创新精神,培养学生的表达能力、沟通交流能力,进而提升总体的领导能力。具体的教学方式根据学科的不同有所侧重,比如人文社科类学科通过"情境教学法"和"案例教学法"等培养学生的积极性、创造性和能动性,而理工学科通过"设疑教学法"等培养学生逻辑推理能力和科学思维方法,技术类学科通过加强探索性实验教学等培养学生的创新能力和工程意识。在大学生开放式领导力的构成当中,这些能力都占了很大的比重。

　　第六,学生领导力教育的师资来源多样化,学生参与对教师的评价。根据课程的不同要求,为学生配备各行各业的指导者,既包括学校教师、校内领导专家、学长,也包括政界、商界、社区等各界人士。罗德岛大学的网站资料显示,其领导力教育项目的师资包括专职教师和在校大学生两个部分,整个师资队伍的专业背景十分多元化,其专业涉及教育学、领导学、音乐学、商学、医药等各个领域。对教师的评价体系主要为学系评价、同行评价和学生评价三个部分,内容主要包括教学、科研和社会服务。从评价主体和评价内容上达到三个方面的相辅相成,尤其强调与学生个体的互动、活力和热情等方面。

　　美国凯洛格基金会在全国选取了31个大学生领导力教育项目进行资助,并于2001年对这些项目在过去10年间的领导力教育实践进行了综合评估。(Zimmerman,2001)根据凯洛格基金会推出的8个大学生领导力教育典型案例及其评估结果,美国高校的大学生教育成效是不可忽视的。(Beineke,2001)参与项目的学生在自信心、领导技能、以领导身份服务社区的愿望等方面都有了很大提高,越来越多的学生和教职员工更加深入地了解了领导现象,更新了自身对领导力的看法,从而影响着校园文化。

2. 欧盟国家高校的实践

　　提到欧洲高等教育的重大改革,就不得不提“博洛尼亚进程”。欧洲29个国家于1999年在意大利的博洛尼亚市签署了博洛尼亚宣言,该进程的目的是培养欧盟公民、帮助欧洲大学国际化、在欧洲大学之间建立和谐的教育体制,到2010年欧洲高等教育实现和谐化。(Marijk,2000)具体而言,欧盟各高校主要通过以下措施来培养和提升大学生开放式领导力。

　　第一,欧盟高校用政策法规为大学生领导力培养提供支撑。英国在其高等教育从双轨制向单轨制、从精英高等教育向大众普及化发展的过程中,出台了一系列的白皮书和政策法规。2003年1月,《英国高等教育的未来》白皮书提出了英国高等教育的发展战略目标、主要任务和政策措施,强调改革高等教育,实施创新教育以及提升高等教育质量等方面的基本思路。(Robert

& Liz,2005)1985 年,德国议会通过了《高等教育总纲法》,以应对科技的挑战和社会经济的发展需要,从法律上强调了领导力培养与社会实际的紧密联系。2006 年"联邦与各州促进德国高校科学与研究的卓越计划"得到全面实施,德国从研究生院(Graduate School)、卓越集群(Excellent Cluster)和未来构想(The Future Vision)多个层面推进创新领导人才的培养。(Babara,2008)

第二,欧盟国家以学生为中心进行领导能力的培养,实施终身学习的教学理念。英国把以学生为中心的教育理念嵌入教学大纲、教学方法以及考试评估方法上,并建立了一套服务学生学习的支持系统用于培养学生在独立思考和解决问题中的主观能动性,整个系统包括学习支持小组、学习顾问、心理咨询人员、就业部等,全方位支持学生领导力的提升。终身学习的理念成为欧盟国家促进欧洲教育革新的导向,就学生而言,是学生创造力、竞争力、就业能力和领导能力发展的有力支撑,用终身教育提高所培养的学生的欧洲公民意识,鼓励容忍、尊重他人和不同文化的精神,并推动欧洲各个层次教育和培训的合作,分享革新成果和经验,促进国际化。2006 年,欧洲理事会和欧洲议会批准欧盟委员会关于"2007—2013 终身学习整体行动计划"的议案,专门针对高等教育设立 Erasmus Programme(伊拉斯谟世界计划),该计划鼓励欧洲大学生的跨国流动学习,鼓励加强欧盟成员国之间以及欧盟国家与其他国家高校间的交流合作,以提高欧洲高等教育的质量和竞争力。(Heribert,2010)

第三,欧盟高校对学生进行全才培养。1972 年,联合国教科文组织(UNESCO)就指出,教育的目标就是要培养人格丰富多彩、表达方式复杂多样的完善的人,使他作为一个人,一个家庭和社会的成员,一个公民和生产者、技术发明者和有创造性的理想家,来承担不同的责任。这是一个具备开放式领导力的领导所拥有的必备素质。1989 年,联合国教科文组织又强调,21 世纪最成功的劳动者将是全面发展的人,是对新思想和新机遇开放的人。(Delors,2010)1998 年,联合国教科文组织指出,高等院校必须教育学生成为学识渊博、理想崇高的公民,能够以批判精神进行思考,会分析社会问题,能研究和运用解决社会问题的办法,而且承担起相应的社会责任。又一次强调了作为领导者必需的知识学识、批判思考能力、分析解决问题能力以及责任感的关键要素。"学会思考、推理、比较、辨别和分析,情趣高雅,判断力强,视野开阔",这是英国 19 世纪教育家纽曼所主张培养的人。(John,1987)受纽曼理念的深刻影响,牛津和剑桥两所古典大学把"探测、挖掘和开发学生的潜能,激励个人的创造性精神"作为大学教育的指导思想,培养出一代代高水平的人才。(Ted & Brian,1992)

第四,教学方式极大地为领导力的培养提供了促进作用。欧盟国家为了培养学生的综合能力,全力推进课堂教学方式和方法的改革,探究式学习和英国的"导师制"是最具参与主体和教学方式独特性的方式。导师制倡导的是学生与导师、学生与学生间积极的思想交流,学生提出并论证自己的观点,并能接受他人的批评与建议,从而建立导师与学生间的良好互动。牛津大学的导师制被誉为"世界上最为有效的教育关系",让导师渗透到了课内外各项学习实践的活动当中。通过这种方式,发现和培养杰出的人才,促进学生的个性发展,培养创新实践能力和领导能力。导师制把大学的集体教学与导师的个别辅导结合起来,把学生的学业发展和个性发展、生活价值观教育结合在一起。(李慧琴,郭晓静,2005)产学研与全程教育相结合的形式对学生而言,可以更好地把理论和实践有机地结合起来。英国的分类教学、法国的实践教学基地等都促进了领导人才的成长。

第五,学生考核制度中评价指标的多样化保证。社会参与学校教育评价是保障学校教学水平、提高人才培养质量的有效手段之一。(刘爱东,2012)领导人才的培养与社会相融合,与行业相沟通,是培养出高素质的社会真正需要的人才的重要保证。培养的人才应具有开拓意识、创新能力和领导技能。欧盟国家高校学生考核主要考察学生掌握专业理论知识的程度、逻辑思维能力、口头表达能力等,形式有研究报告与汇报、学位论文、期中考试、案例研究、同业评价等,这些都是培养创新领导人才的有效机制。英国高校对学生考核的参与者包括任课老师、学校导师和校外导师等,试卷往往由任课老师出题,校外同行专家审阅。德国大学一般以讨论课的形式进行考试,一方面考核学生的基础知识,另一方面考核学生的口头表达以及思辨能力。

3. 日本高校的实践

从 20 世纪 80 年代前以模仿欧美发达国家的教育开始,到成为举世瞩目的经济技术大国,日本提出面向 21 世纪的教育目标是"广阔的胸襟、健壮的身体和丰富的创造力",把领导力的培养涵盖在"文化立国"的创新教育过程中。日本在培养大学生开放式领导力方面的主要举措包括:

第一,在领导力培养的目标理念方面,日本高校制订了发挥学生自主性学习的目标,建立了终身学习体系。自主性学习目标要求学生通过专业学习回顾和掌握已有知识,再通过"发现问题、自我学习"的创造性教育课程来激发学生获取新表象的内在动力和思维能力。(Lam,2002)而终身学习体系则把学校教育、家庭教育和社会教育连接成为一个相互沟通的系统,全方位对大学生的领导能力进行综合培养。这个终身学习的理念深入到了教育教学的各个环节,从终身学习的宣传、信息提供系统的建设到每年召开全国性终身学习节和研讨会,从建立和完善各级组织系统,进行制度创新到建立终身学习成果的认可制度,都作为落实科学技术创造立国和文化立国战略的重要组成部分,成为面向 21 世纪高等教育改革的基本内容。(吴忠魁,2001)

第二,日本的学生领导力培养模式以个性化发展为主导。为了培养学生的综合领导能力,个性化发展被写入 1998 年日本大学审议会的报告,确立了重视个性的原则,尊重个人,尊重个性,自由、自律、自我责任感意识,在进行专业设计和课程计划的时候,充分尊重学生的个性发展需要,培养学生主动学习的积极性,并把教学过程延伸到科学研究和社会实践中,让学生在科学实验和社会生产中去学习科学技术知识,以此作为学生开放式领导力的重要构成。

第三,跟许多注重学生领导力培养的国家一样,日本力求建立一个内容广泛且科学的课程体系,注重国际化培养。整个课程体系呈多元化趋势,一般包括主修课程,涵盖基础课、主专业课以及其他专业课;辅修课程;综合工学课程;其他研究生或本科课程、其他自选课。在 1998 年通过的《21 世纪的大学与今后的改革对策》的导向下,日本文部省出台了一系列政策措施,促成了一批以国立大学为中心从事学科融合交叉教学和科研的系、学院等,达到了文理学科的融合以及与边缘学科的交叉。在课程设置上重视提高学生的英语水平,定期召开英文科技论文报告会,从广阔的世界视野中开拓学生的思路,培养他们国际竞争和协作的思维模式,使学生有条件成为参与国际竞争与合作的创新型人才。(薛军,2004)

第四,日本采用了一个产学研与全程教育相结合的教学形式,成立了科技产业园,高校通过与企业签订培养合同等方式与生产科研内部直接联系,发展具有特色的"官产学一体化的培养模式"和"工业实验室"为主的教学模式。工业实验室成为主要的科研中心和学生教育基地,工业企业为学生提供实习和就业机会,企业特有的创新精神和进取精神的发挥,对学生领导力素质的提升产生了巨大的推动力。

第五,日本的教师评价体系实施内部评估和外部评估相结合的多元、客观、透明的高等教育双轨评估体制。2003 年 4 月,日本正式全面实施由外部组织机构进行的客观评估制度,实现双轨制的大学评估体系。(周小青,2010)双轨评估体系促进了高等教育质量的全面提高,其内部评估主要包括学生对教师的评价、教师的自我评价及相互评价,外部评估包括社会评估和行政评估,主要是委托有识之士对学校进行全面评估,参评的人员包括学生、毕业生、社会企业、文部科学省的教育评价委员会以及总务省专门设立的审议会等。评估结果向社会公开,为学生择校、企业投资提供参考,为政府资源的配置提供依据。

4. 大学生开放式领导力影响因素小结

美国、欧盟国家和日本高校的大学生领导力培养实践都比较成功,通过把领导力培养的理念融入整个学生培养体系、设立以学生为中心的培养模式、采用多种形式的教学方式以及科学的学生教师评价方式等具体措施来实施大学生领导力的开发。根据对美国、欧盟国家以及日本的大学生领导力培养与开发的实践分析,本书将大学生领导力培养提升为大学生开放式领导力培养,并将其影响因素归纳如表 3-1 所示。

表 3-1　大学生开放式领导力影响要素(依据已有案例资料进行提炼)

影响因素	具体措施
明确的教学理念和教学目标	美、日和欧盟的高校都非常重视领导力的培养,并为此制定了相应的发展战略
基于学生为主体的培养模式	美国大学生领导力培养模式主要分为"精英"模式和"大众"模式
以个性化发展为主导的培养途径	通过各种形式的培养途径来提升学生的领导力素质
理论课程和实践课程相结合的教学形式	美国把领导力开发和培养纳入课程教学体系,鼓励学生参与各种实践活动,产学研和全程教育相结合
内容广泛且科学的课程体系设置	课程设置从培养学生领导力出发,注重国际化的培养
多样化的师资来源	领导力培养的师资来源包括校园内外
多元、客观的教师评价体系	内部评估和外部评估相结合,学生参与对教师的评估
与产业界等学校外部的紧密联系	在学生领导力的整个培养过程当中,校外相关机构参与度相当高
学生考核制度中评价指标的多样化	考核学生的评价指标除了课程考试等,还包括各种形式的考核内容

第三节　大学生开放式领导力影响因素的界定

大学生开放式领导力开发是指高等院校通过系统培养使大学生获得各个层次领导岗位所需的知识、技能和态度,使他们能够用开放的视角在组织、地区、国家以至国际等各个层次事务中发挥领导力作用，并推进积极的变革。本书的研究重点即基于此，关注的是高校在进行大学生领导力开发的各个环节中，大学生开放式领导力的影响因素以及能力开发的路径机制，这些影响因素的有机组合是形成开放式领导力开发机制的基础。

刘爱东(2012)在《大学生创新能力提升研究与实践》中总结了欧美等发达国家高校创新人才培养模式的特点，见表3-2。

表3-2　欧美等发达国家高校创新人才培养模式的特点

人才培养模式要素	特点
教育观念	学生为主体的教育方向 传承与创新的教育思路 终身学习的教育理念
目标定位	个性化发展 创新能力培养 全面人才培养
课程体系	普通与专业教育平衡的课程设置 文理学科融合与边缘学科交叉 渗透性与前沿性的动态课程内容
教学模式	导师制和探究式的教学方式 教研产和全程教育相结合 信息化和协作性的教学手段
管理制度	教学管理制度：学分制和选课制 教师评价制度：评价指标多元化 学生考核制度：评价与激励结合
教育环境	校园文化丰富和学术环境自由 教育资源的开放性与互用性

资料来源：大学生创新能力提升研究与实践(刘爱东，2012)

基于本书前面对大学生开放式领导力结构的解析以及领导能力开发理论的相关回顾，结合国外高校大学生开放式领导力开发的实践总结，本书将大学生开放式领导力的影响因素初定为目标理念、课程体系、培养途径、教学形式、师资水平、与学校外部的互动、考核评价、宏观环境等八个影响因素，其中考核评价主要关注点为学生对于开放式领导力提升培养的反馈,与高校对教师教学质量的总体考核存在着较大的差异,因此,在数据分析中,把该影响因素调整为学生参与反馈。

这八个影响因素分别对大学生开放式领导力结构的四个构成要素产生影响,这种影响在很大程度上都是直接影响,也有些是通过因素与因素间或者要素与要素间的关系间接产生影响,是大学生专业技能要素、通用技能要素、个人特质要素以及开放式洞察力要素最关键的影响因素。

翁文艳(2008)在《国外领导教育与培训概览》一书中,分别从管理学、心理学、教育学、领导学等角度总结了大学生领导力教育的成功因素。管理学考察的是领导力教育实践方面,包括较好地融入所在大学的文化和管理框架、有一个共同的概念框架、具有某种保证其可持续发展的特征等。心理学考察的是学生领导力的必备特征,包括自知能力、有效处理人际关系的能力、灵活的适应能力、创造性思考的能力、承诺服务的能力、把握公共政策的能力等。教育学考察的是领导力教育的教学组织特色,包括根据自身特点设立特色化的教学目标、结合各自学科注重实践类的课程设置、根据各校条件进行多元化背景的创设、利用公共资源进行与社区的互动、系统设计项目注重反馈与激励环节等。领导学角度考察的是成功的领导力教育项目的关键因素,包括:把握领导力本质,明确成功领导力教育的前提是确定领导力教育目标;选择受训对象,明确领导力教育过程中的关键因素是确定具体情境、注重互动与反思;明确了解领导者的必备素质有助于明确领导力教育的核心内容;明确肯定导师的作用和各层次领导者的工作绩效是成功的领导力教育的重要因素等。从各个学科的角度对大学生领导力教育的影响因素作了概括。

基于以上分析,本书构建了大学生开放式领导力影响因素模型,关注大学生开放式领导力开发的影响因素对大学生开放式领导力各构成要素的影响。(见图 3-2)

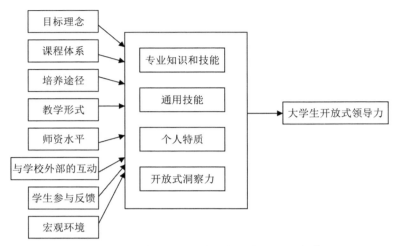

图 3-2　初始的大学生开放式领导力影响因素模型

1.目标理念

　　培养开放式领导人才的前提是先进的、开放式的教育理念,这也是高等院校的培养战略和培养目标,其最基本的核心内容是培养什么样的人,也就是为社会输送具有什么样能力结构的人才,是高等教育为推进社会发展所能提供的价值所在。高校的培养目标是人才培养的决定性因素,直接体现对人才培养的本质规定,决定着课程体系、培养途径、教学形式、师资水平、与学校外部的互动以及学生参与反馈等其他的培养体系各构成因素,是这些因素的依据和先决条件。作为高校实施大学生开放式领导力开发的首要战略,学校在确定目标理念的时候,需要考虑高校自身的战略定位和组织文化,结合国家的宏观环境,从整个学校的发展战略出发制订学生开放式领导力发展的目标。

　　哈佛大学在学生领导力培养中,鼓励学生尊重思想和思想的自由表达,乐于发现并进行批判性的思考,以富有成效的精神追求卓越,对个人行动的后果承担责任,鼓励学生去探索、创造、挑战和领导。(Smith,1986)麻省理工学院致力于给学生打下牢固的科学、技术和人文知识基础,培养创造性地发现问题和解决问题的能力。(王晓阳,2000)斯坦福大学前任校长在谈到大学技术转移时指出,知识转移最成功的方法是培养能够探究知识,然后能在工业、商业、政府和大学自身中起领导作用的一流学生。(朱清时,2002)

1989年,联合国教科文组织就强调,21世纪最成功的劳动者将是最全面发展的人,是对新思想和新机遇开放的人(Delors,2010),开放式培养的人才会以自己渊博的学识为基础,进行批判性的思考,分析、研究并尝试解决问题,同时,承担相应的社会责任。法国的高等教育即以培养全面人才为特色,其人才培养的目标就在于不仅注重学生实践能力的培养,还注重学生综合素质的提升,并致力于为学生创造一个能够开放式培养全面领导才能的学习环境,让创新型的开放式领导人才在一个充满动力的土壤中得到成长。德国洪堡大学人才培养的目标理念就是培养个性和谐、全面发展的人,这些人应当具有丰富的想象力和缜密的思维能力,各种潜能都得到了发挥和提升,并积极承担自己的社会责任。

因此,从培养开放式领导人才的目标理念出发,对于高校来说,需要确立提升大学生开放式领导力的战略目标,并能够制订与战略目标相匹配的创新多样的实施方案。

2. 课程体系

课程建设是高校进行人才培养的核心所在,需要把教学内容按照一定的程序组织起来,组成一个课程体系,这是高校人才培养过程得以实现的一个载体,是所有教学内容及其进程的综合。课程建设的目的主要要求学生掌握三个方面的内容:一是基本知识、基本理论和基本技能;二是发现问题、分析问题和解决问题的能力;三是创新意识和创新能力。(刘爱东,2012)衡量课程体系构造形态的指标主要有课程体系的总量与课程类型、课程体系的综合化程度、结构的平衡性、设置的机动性和发展的灵活性等五个方面。(陈勇,2012)

作为人才培养主要载体的课程体系和课程结构,决定着所培养的人才的特征,知识型抑或技能型,学术型抑或职业型,是否能达到宽专交的要求,都可以通过结构化的课程体系得到实现。课程体系是人才培养目标的具体体现,以一定的结构形式呈现。如前文所述,哈佛大学建议将新通识课程体系分为知识、技能或活动三大部分。从 1945 年经典红皮书的宽泛课程,到 1978 年的核心课程,直至 2006 年的这个初步报告,哈佛大学的课程体系为开放式领导人才的培养开辟了一条崭新的发展道路。

因此,从培养开放式领导人才的课程体系出发,对于高校来说,需要关注的内容包括设立基于能力导向的课程目标、设立专业的理论课程、设立跨专业选修课程模块、设立领导力课程模块、设立实践课程以及设立国际化的课程内容等。

3. 培养途径

培养途径指的是高校进行人才培养的方式,这是人才培养的载体。培养途径中最基本的途径就是课程教学和科学研究,这是高校一般普遍采用的。其次还有"产学研结合"的综合培养途径。另外,相对正常教学活动而言,培养途径还包括一切校园内外的教育环境及教育活动,这被称为"隐性课程",如课外活动、校园文化、社会服务实践等。

理论性和实践性有机结合的培养途径是领导人才培养的关键所在,在教学中重视实践性教学,课内活动与课外活动相结合,高校教学与产学研相结合,理论与实践相结合,以高校师生为主体,把教学、科研和成果转化进行有机整合,这是高等教育在人才培养中一个不可或缺的因素。教学研究与实践的结合、集体培养与个别指导的结合,通过不同形式的互动,让学生在陈述自己的见解,与人相互沟通进行思想交流的过程中,把学习方式从被动接受知识变成主动探究知识。这些都是开放式领导力培养的重要构成。在以学生为主体的人才培养途径中,采用与学生个人特点相匹配的培养方式和方法,培养与学生个人特质与特征相适应的知识结构和能力结构。

因此,从培养开放式领导人才的途径出发,对于高校来说,需要关注的要点包括：设立基于领导力提升为导向的培养目标，设立教产研相结合的培养模式，提供学生参加各类社团活动的机会，推进学生的国际化培养以及鼓励和支持学生的创业计划和活动等。

4. 教学形式

教学形式指的是师生双方共同完成教学活动内容的动态行为体系，是高校根据学科的特征和人才培养的综合要求而确定的，服务于教学目标和教学任务。根据人才培养目标理念以及课程体系的设置，高校需要探索培养学生开放式领导力的课堂教学方式和方法。根据课程具体要求和培养目标，设计多样化的教学形式是高校进行开放式领导力教学的重要手段。除了常规的课堂教学，目前高校的特色教学法包括启发式教学法、案例教学法、专题讲座教学法、现场教学法和模拟现实教学法，等等，其形式涵盖了课堂讲授、多媒体演示、小组合作、角色扮演、工作坊、研讨班、导师制、探究式学习、服务式学习等。

各种不同形式的教学形式从各个方面锻炼学生的综合能力，小组合作学习与讨论交流，培养学生的表达能力和沟通交流能力；导师制让学生和教师进行配对，给双方以提升领导能力的机会；研讨班和工作坊提供学生学习和实践个人技能和社会技能的机会；运用情境模拟和角色扮演讨论个人问题和社会问题，学生们学习用崭新的视角思考自身和他人以至社会；服务式学习为学生创造了各种机会，让他们发现并领略领导力的价值与意义。

因此，从培养开放式领导人才的教学形式出发，对于高校来说，需要关注的要点包括设立基于领导力提升为导向的教学目标、设立以学生为主体的教学模式、设立探究式学习为导向的教学方式以及采用信息化等教学手段。

5. 师资水平

高校进行人才培养，首先需要明确的一个问题是"谁来教授领导学"，或者是"谁来培养学生的领导能力"。教师是人才培养模式中最重要的环节，担负着引领学生走向成功的艰巨任务。高水平、多元化的师资队伍是提升大学生开放式领导力的有力保证。除了扎实的学科知识、广泛的知识面以外，教师还必须具备综合的素质,从各个方面引导学生建立正确的人生观、世界观。

具体就提升大学生开放式领导力而言,教育师资来源的多元化是一个重要的因素。高校需要根据课程的具体要求,聘请校内外领导专家、校内外的学生干部、有出色才能的学生参与相应的课程教学,包括企业界、政府部门的杰出人士,本校的行政领导、教师等。多样化来源的师资都应具备丰富的校内外工作经验,并对学生活动有着浓厚的兴趣。从行业上来看,可以涉及教育学、领导学、音乐学、商学、医药学等各个领域。

教师队伍的国际化是提升开放式领导力的另一个重要因素,高校可以积极与国外教育和研究机构开展高水平合作办学,开发和利用国际优质教育资源,从办学理念、管理经验、教学内容安排以及教学方法等各方面,吸收世界一流大学的经验,培养具有国际视野的开放式领导人才。提升学生开放式领导力,还需要教师队伍的专业化。教师应该具备相应领域的专业职业经历,依托自身的经验,指导学生参与领导力教育的活动,通过设立各类领导力培养与提升课题,为学生提供专业化辅导,使学生接受比较系统的领导教育理论和实践指导。

因此,以大学生开放式领导力开发为目标的师资水平,需要关注教师的教学和科研能力、教育师资来源多元化、教师开放的国际化教学理念以及教师的专业化水平。

6. 与学校外部的互动

高校与学校外部的互动可以发生在高校进行人才培养中的所有环节,是提升大学生开放式领导力的一个有效途径。从学校制定人才培养发展战略开始,到专业设置、课程体系的构建、培养途径的确立、师资的聘请、培养评价制度的设立,等等,都可以融入学校外部资源的积极影响。

政府和公共机构首先可以对高校的人才培养产生重大的影响,这种影响可以是高校自主了解和把握公共政策,也可以是政府机构直接参与制定高校的人才培养战略。大学生开放式领导力培养的一个重要环节也就是把握公共政策的能力，这是任何类型的领导者都必须具备的知识，了解公共政策系统的本质，是对相关的经济社会问题施加影响的基础。

企业或者说雇主是与高校互动对人才培养产生影响的另一关键要素，学校需要了解企业或者用人机构的需求，为他们输送优秀的领导人才。因此，需要调整学科专业结构状况以及人才培养的定位，实施产学合作，建立与企业的互动机制。企业与高校充分利用各自的环境和资源，发挥各自的优势，从培养大学生分析问题、解决问题的能力着手，通过参与制定高校的人才培养策略、合作开设实习基地等形式，为了实现公共的利益，在共同投入、资源共享、优势互补、风险共担的条件下，以提升大学生综合能力为目的，培养综合性的高素质领导人才，将高技术成果转化为现实生产力。

与学校外部的互动机制中还包括人才的开放式、国际化的培养。在本科教育阶段的人才培养过程中融入国际化培养的内容，是高校为适应在全球化趋势中，具有广阔的开放性思路的创新型领导人才为社会迫切所需而采纳的一条有效的应对途径。一方面，提升学生的外语语言能力。对于非英语国家的大学生来说，良好的英语语言能力可以更好地了解国际上最新最高水准的科学技术，并有条件成为参与国际竞争与合作的优质人才。另一方面，更多地与海内外高校的合作培养。高校通过交换生项目、暑期项目、科研项目等学生交流学习项目，实现学生的流动互派，开拓学生的国际视野。

因此，从培养开放式领导人才的目标出发，高校与学校外部的互动因素包括准确把握公共政策的能力、与政府机构等共同进行人才战略的制定、企业等用人单位直接参与人才培养全过程以及鼓励和促进学生的校际和国际交流。

7. 学生参与反馈

学生参与反馈在这里指的是一般意义上的考核评价。高校需要依据一定的标准对所培养人才的质量作出客观衡量和科学判断，这是人才培养过程中的一个重要环节，可以对提升大学生开放式领导力的各影响因素进行反馈、调整和优化。对学生参与学校运用各类资源组织的各种项目的成效进行培养评价,是人才培养体系中的一个主体,从通过多种途径获取的反馈考核所培养人才的结果,可以反映出高校办学理念和人才培养目标的科学性,对其进行重新定位,并由此考量提升办学条件、修订专业方向以及教学计划的必要性,使培养模式更为完善,通过更合理的课程体系以及更为适合的教学形式,使人才培养的目标得到更好的实现。

不同的学者对高校根据多种反馈,尤其是学生个体评价的研究侧重有所不同,有的包括教师评价制度和学生考核制度,有的通过学生是否能顺利获得毕业证书和学位证书来衡量高校人才培养的结果。在很大程度上来说,许多研究所关注的考核评价都是以知识的传授和知识的掌握为主,而对学生的个人综合能力的考察相对弱化。这种综合能力除了学生学习知识的掌握能力以外,还包括学生的理解能力、思考能力、判断能力以及知识的运用能力,这是一种结合多方面技能的综合体现。因此,高校培养的人才是否优秀,最具发言权的是社会,或者说是用人单位,这是保障学校教学水平、提升人才培养质量的最有效手段之一。高校与社会相融合,与行业相沟通,社会参与学校教学评价,这是培养出高素质的、具有创新能力和开拓意识的开放式领导人才的关键因素。

考量学生的参与反馈,对其进行学业评价的形式可以是综合的,一方面是衡量其掌握专业理论知识的程度,另一方面还有其逻辑思维能力、口头表达能力、沟通能力、知识技能的实际应用能力,等等。这是培养开放式领导人才的重要措施之一,可以增加学生思维的活跃性,锻炼学生的综合能力。

因此,从培养开放式领导人才的考核评价出发,高校考量学生参与开放式领导能力开发与培养的参与反馈,还需要考核学生个人层面,对学生个体进行观察。

8. 宏观环境

国家的宏观环境对高校的人才培养策略起着重要的导向作用,高校需要了解国家经济、法律等各项政策法规,根据国家的公共政策制定人才培养的模式体系,为国家输送各行各业所亟需的领导人才。从确立教育理念,树立人才培养目标开始,学校在课程体系、培养途径、教学形式、师资水平、学生参与反馈等各个环节,都需要根据国家宏观环境所提供的条件进行设置。在宏观环境的引导下,充分利用有利条件,引进创新型的教育理念,组建高素质的教育团队,培养具备综合能力的高素质人才。

本章小结

本章对大学生开放式领导力能力结构以及大学生开放式领导力的影响因素进行了梳理,主要包括以下几个方面:

首先,本章将研究对象界定为在校的本科大学生,并将大学生开放式领导力定义为社会向着纵深发展的过程中,开放性的环境对于领导力内涵所提出的开放式要求,即大学本科生在毕业时所具备的使其获得在职业发展过程中体现其领导能力的知识、技能和态度。基于此概念,本书将大学生开放式领导力开发界定为高等院校通过系统地培养,使大学生获得开放式领导能力的知识、技能和态度。

其次,本书根据已有的研究成果和文献理论,将大学生开放式领导力的结构要素确定为:专业知识和技能、通用技能、个人特质、开放式洞察力。通过对美国高校、欧盟国家高校以及日本高校的大学生开放式领导力开发实践的案例研究,分析了美国、欧盟国家、日本高校提升大学生开放式领导力的培养体系和途径,考察了各高校人才培养的整体体系。

最后,基于能力开发理论,结合国外高校大学生开放式领导力开发的案例实践,本书提出了大学生开放式领导力开发的影响因素,包括目标理念、课程体系、培养途径、教学形式、师资水平、与学校外部的互动、学生参与反馈、宏观环境等。

第四章　实证分析

　　公共管理研究设计的基本任务包括两个方面：一是选择、确定收集和分析研究数据的方式方法，保证研究所采用的方式方法是合理的、可靠的和经济的；二是构思、制订实现研究目的的操作程序和控制方案，保证研究是有效的、客观的和明确的。研究设计的核心内容是保证回答研究的问题和达到研究的目的。（范柏乃，蓝志勇，2008）基于上文对于开放式领导力的理论研究和案例分析，本章将通过案例进行验证性分析。实证性研究将通过问卷的形式，结合上文所论述的已有的研究成果以及案例总结，对研究的相关变量和因素进行测量和验证。

第一节　数据说明

（一）问卷设计

　　本研究的问卷设计主要有以下几个方面的考虑：首先是国内外的文献研究，主要是文献综述部分和案例分析总结部分，把从两部分中提取的影响因素以及相关的内容要素融入问卷的各个要素当中。其次是相关专家的意见，从问卷的基本信息设计、要素取舍与排列以及问卷主要格式等各个方面，征询了该领域专家的意见,并得出初始问卷。第三是小范围的发放,在对这些问卷进行信度和效度检验的基础上,又请部分较为典型的被调查对象针对问卷提出意见和建议,在他们反馈的基础上,对问卷的部分内容尤其是一些容易造成理解偏差和理解困难的措辞进行了调整。在以上三个方面的基础上,形成了本书的最终问卷稿。

1. 问卷的基本内容

问卷设计主要考虑的是大学生开放式领导力影响因素的构成,希望通过要素项的设计,在文献研究和案例分析基础之上获得验证性的数据。问卷设计考察的内容包括上文从已有的研究成果和文献理论中获取的四个结构要素——专业知识和技能、通用技能、个人特质、开放式洞察力,基于能力开发理论和国外高校大学生开放式领导力开发的案例实践而提出的八个影响因素——目标理念、课程体系、培养途径、教学形式、师资水平、与学校外部的互动、学生参与反馈、宏观环境,以及多所高校的大学生开放式领导力培养与开发的案例。

回顾关于领导力培养和提升的各类研究和文献,大量研究者把关注的重点放在两个方面,一个是个人因素,另一个是环境因素。个人的特质在很大程度上对个人的领导能力产生重大影响,但个人特质的形成,也是环境因素在起着关键作用。因此,在设计问卷时,本研究考虑把结构要素和影响因素融入环境要素和个人要素两个方面当中,其中,作为大学生开放式领导力开发和提升的实施者,高校作为环境要素被分成两个维度,即学校内部的能力维度和学校外部的能力维度,个人要素在本研究中就是指学生的个人维度。

综上所述,本研究问卷设计的主要内容主要包括四个方面:第一是被调查对象的基本资料;第二是影响大学生开放式领导力的学校内部的能力维度;第三是影响大学生开放式领导力的学校外部的能力维度;第四是影响大学生开放式领导力的学生的个人维度。

2. 研究样本的确定

本书的研究对象是大学本科生，从研究总体的实在性、具体性和可操作性出发，本书研究设计的抽样主体主要确定为浙江大学本科生。作为一所首批进入国家"211 工程"和"985 计划"建设的重点大学，本研究将浙江大学确定为案例验证院校，以上文初步提出的提升大学生开放式领导力的各个影响因素以及初步构建的大学生开放式领导力影响因素模型为基础，从学生的角度分析浙江大学在提升学生开放式领导力进程中所采用的举措，考察浙江大学开放式领导人才培养体系的成效，进而从研究分析的结果重新考量本书第三章提出的开放式领导力影响因素的模型，并作出相应模型调整。

考虑到需要学生对学校的总体培养方案有一个相对具体、明确、整体的了解，本书的研究对象确定为四年制大四和五年制大五的毕业班学生，男女比例基本相当。作为一所综合性大学，浙江大学的学科分类涵盖人文类、社科类、理工类和农医类等，因此研究对象的专业选择上也比较均衡。

3. 问卷的发放与回收

本研究从 2013 年 1 月开始进行问卷调查，在确定样本选择和被调查对象后，问卷以纸质的形式发放，主要通过浙江大学各个院系的本科数学科，由学生干部把问卷发放给各位班内同学，并通过他们回收。在给相关院系送问卷的同时，附上了本研究的一个简短的背景介绍，以方便被调查者在对问卷信息有疑问时能及时得到解答，以期提高有效问卷的回收率。共发放问卷 420份，截至 2013 年 4 月，共回收问卷 326 份。进行初步检查后发现，326 份回收的问卷当中，有 52 份问卷填写不完整，信息有缺失，另外 35 份问卷连续题项的所选答案几乎没有差异，被认为是不合格问卷。这样，剔除无效问卷之后，得到的有效样本数是 239 份，有效问卷回收率为 57%。

（二）数据分析方法

对于问卷调查回收的数据，研究运用的是 SPSS19.0 软件。首先对调查对象的基本情况进行描述性统计分析,基本情况包括被调查对象的性别、学科背景、年级、在同年级同专业中的排名情况以及父母亲的职业情况等,描述性统计主要说明各个变量的百分比情况等,以描述样本的类别和特性。其次,本书对问卷的信度进行了分析,考察不同背景的被调查对象对大学生开放式领导力的构成要素和影响因素是否存在显著差异。在此基础之上,再进行因子分析,从案例验证的角度辨析大学生开放式领导力开发的关键影响因素。

(三) 描述性统计

1. 样本的男女生比例

本问卷在发放的时候,考虑了样本对象的男女生性别比例,尽量做到数量上的平衡。在回收的 239 份有效问卷的样本当中,男生的样本是 131 份,占样本总数的 54.8%;女生的样本是 108 份,占样本总数的 45.2%。如图 4-1 所示。

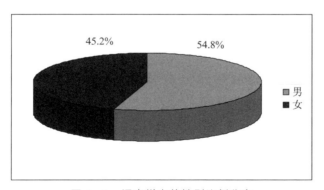

图 4-1　调查样本的性别比例分布

2. 调查样本所在的专业学科分布

调查样本所在的专业学科分布,人文类样本数为 41,占样本总数的 17.2%;社科类样本数为 51,占样本总数的 21.3%;理工类样本数为 89,占样本总数的 37.2%;农医类样本数为 58,占样本总数的 24.3%。如图 4-2所示。

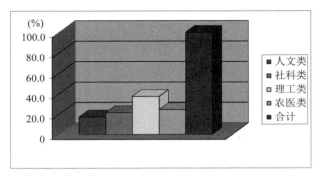

图 4-2　调查样本所在专业学科分布

3. 调查样本的排名区间

调查样本在同年级同专业学生中的排名情况：排名在前 10% 的样本数为 53，占样本总数的 22.2%；排名在 11%—30% 的样本数为 77，占样本总数的 32.2%；排名在 31%—50% 的样本数为 63，占样本总数的 26.4%；排名在 51%—70% 的样本数为 31，占样本总数的 13.0%；排名在 71% 以后的样本数为 15，占样本总数的 6.3%。如图 4-3 所示。

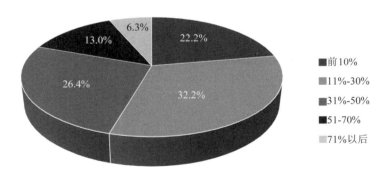

图 4-3　调查样本在同年级同专业学生中的排名情况分布

4. 调查样本父亲和母亲职业类型

本研究把调查样本的父亲和母亲的职业类型分成 5 类：公务员、教育工作者、企业从业者、农民和其他。其中父亲为公务员的样本数为 49，占样本总数的 20.5%，母亲为公务员的样本数为 29，占样本总数的 12.1%；父亲为教育工作者的样本数为 67,占样本总数的 28.0%,母亲为教育工作者的样本数为 70,占样本总数的 29.3%;父亲为企业从业者的样本数为 107,占样本总数的 44.8%,母亲为企业从业者的样本数为 125,占样本总数的 52.3%;父亲为农民的样本数为 4,占样本总数的 1.7%,母亲为农民的样本数为 2,占样本总数的 0.8%;父亲职业属其他类的样本数为 12,占样本总数的 5.0%,母亲职业属其他类的样本为 13,占样本总数的 5.4%。这里职业归属为其他类的,主要是指父亲或者母亲的职业不归类在前面四项里面,或者无业。如图 4-4、图 4-5 所示。

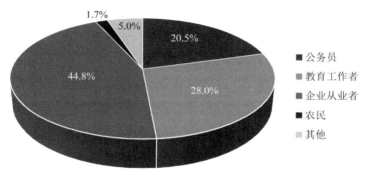

图 4-4 调查样本父亲职业类型分布

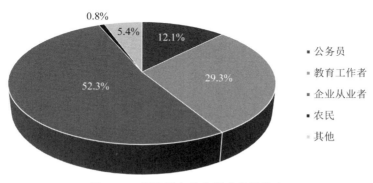

图 4-5 调查样本母亲职业类型分布

第二节 数据分析

（一）问卷量表的信度分析

问卷的可信程度可以通过信度或者可靠性来考量,信度是衡量问卷测量效果一致性和稳定性的指标,以相关系数表示,主要表现检验结果的一贯性、一致性、再现性和稳定性,包括稳定系数、等值系数和内在一致性系数。本研究的问卷属于态度和意见式问卷,主要采用 Cronbach's α 信度系数法来估计本研究问卷的信度,考量本研究问卷各个题项得分项的一致性。

经过 SPSS19.0 的计算,本研究的大学生开放式领导力影响因素量表的信度系数如表 4-1 所示。本研究关于大学生开放式领导力影响因素量表的总体 Cronbach's α 值为 0.950,各维度的 Cronbach's α 值均大于 0.8 接近0.9,说明本量表总体和各维度中的子项目有着较好的内部一致性信度,各维度子项目测量的信度比较高。

表 4-1 大学生开放式领导力影响因素量表信度检验

测量因素	Cronbach's Alpha if Item Deleted	Cronbach's Alpha
量表总体		0.950
基础知识获取	0.892	0.899
专业知识获取	0.893	
个人能力发展	0.891	
领导力培养目标明确性	0.889	
领导力提升	0.893	
课程类别多样性	0.897	
个性课程修读	0.897	

续　表

测量因素	Cronbach's Alpha if Item Deleted	Cronbach's Alpha
第二课堂修读	0.894	0.899
领导力课程修读	0.894	
按需选课可得性	0.895	
课程开设需求满足	0.889	
知识体系合理化	0.892	
学校领导力培养重视程度	0.897	
学习计划方案合理性	0.897	
学习目标完成程度	0.893	
开放性氛围	0.893	
综合能力提升	0.894	
国内高校访问可获性	0.866	0.885
国内高校学习可获性	0.867	
国外高校学习可获性	0.873	
国外高校实习科研可获性	0.879	
国外高校到访接待可获性	0.870	
各界人士讲座可获性	0.874	
竞赛活动可获性	0.879	
企业组织实习可获性	0.878	
文化商业氛围促进性	0.874	
鼓励创新环境开放性	0.878	
学习能力	0.878	0.883
信息获取能力	0.870	
新兴事物感兴趣程度	0.875	
陌生事物处理分析能力	0.874	
向人请教问题频率	0.882	

续 表

测量因素	Cronbach's Alpha if Item Deleted	Cronbach's Alpha
新技术新应用掌握能力	0.872	
知识实际应用能力	0.872	
领导才能提升意识	0.873	
团队合作协同能力	0.875	
领导性工作组织策划能力	0.872	0.883
国内外时事关注度	0.877	
政策法规关注度	0.878	
个人成长环境	0.880	
个人能力提升的家庭支持	0.875	

（二）因子分析

1. 学校内部的能力维度

运用 SPSS19.0 对学校内部能力维度进行探索性因子分析,结果得到 KMO 的值为 0.865,高于因子分析中 KMO 值为 0.80 的"良好"标准,说明这些影响因素比较适合做因子分析,详见表 4 - 2。

表 4 - 2　学校内部能力维度因子分析 KMO 与 Bartlett 球形检验表

KMO 和 Bartlett 球形检验		
取样足够的 Kaiser-Meyer-Olkin 度量		0.865
Bartlett 球形度检验	近似卡方	1757.763
	df	136
	Sig.	0.000

因子分析结果得到 4 个特征值大于 1 的因子,这 4 个因子对学校内部能力这一维度的解释度为 61.690%,即这 4 个因子共解释了 61.690% 的总变异。如果提取后的因素能联合解释所有变量 50% 以上,则表示其提取的因素可以

接受。因此,分析结果表明,学校内部能力这一维度可以提取 4 个公因子,详见表 4 - 3。

表 4 - 3　学校内部能力维度因子分析结果解释的总方差

成分	初始特征值			提取平方和载入		
	合计	方差 %	累计 %	合计	方差 %	累计 %
1	6.624	38.963	38.963	6.624	38.963	38.963
2	1.662	9.778	48.741	1.662	9.778	48.741
3	1.170	6.883	55.624	1.170	6.883	55.624
4	1.031	6.066	61.690	1.031	6.066	61.690
5	0.886	5.209	66.899			
6	0.820	4.826	71.725			
7	0.687	4.040	75.765			
8	0.626	3.685	79.450			
9	0.574	3.377	82.827			
10	0.557	3.275	86.102			
11	0.494	2.907	89.009			
12	0.416	2.445	91.454			
13	0.354	2.082	93.536			
14	0.335	1.970	95.506			
15	0.318	1.870	97.376			
16	0.249	1.466	98.843			
17	0.197	1.157	100.000			

根据因子分析结果输出旋转成分矩阵,针对学校内部能力维度提取了 4 个特征值大于 1 的公因子。第一个公因子包含了基础知识获取、专业知识获取、个人能力发展、第二课堂修读、学习目标完成程度、开放性氛围以及综合能力提升等 7 个影响因素;第二个公因子包含了个性课程修读、领导力课程修读、按需选课可得性、课程开设需求满足等 4 个影响因素;第三个公因子包含

了领导力培养目标明确性、知识体系合理化、学校领导力培养重视程度、领导力提升以及学习计划方案合理性等 5 个影响因素;第四个公因子包含的影响因素是课程类别多样性。详见表 4-4。

表 4-4 学校内部能力维度公因子提取结果分析

旋转成分矩阵[a]	成分			
	1	2	3	4
基础知识获取	0.766	0.107	0.185	0.127
专业知识获取	0.808	0.021	0.078	0.212
个人能力发展	0.536	0.353	0.499	0.031
领导力培养目标明确性	0.237	0.072	0.727	0.338
领导力提升	0.377	0.408	0.660	0.041
课程类别多样性	0.195	0.432	0.116	0.722
个性课程修读	0.224	0.496	−0.046	0.375
第二课堂修读	0.665	0.158	0.177	−0.130
领导力课程修读	0.201	0.727	0.205	−0.050
按需选课可得性	0.153	0.736	−0.105	0.163
课程开设需求满足	0.367	0.694	0.123	0.091
知识体系合理化	0.348	−0.048	0.622	0.008
学校领导力培养重视程度	0.178	0.164	0.619	−0.460
学习计划方案合理性	0.340	−0.427	0.466	0.006
学习目标完成程度	0.681	0.265	−0.304	−0.206
开放性氛围	0.704	0.178	−0.082	−0.040
综合能力提升	0.698	0.190	−0.170	−0.125

提取方法:主成分。
旋转法:具有 Kaiser 标准化的四分旋转法。
a.旋转在 6 次迭代后收敛。

第一个公因子涵盖的 7 个影响因素主要关注的是通过学校课程计划所获取的基础知识和专业知识,以及主要源于学校提供的培养环境而获取的个人能力,与第三章根据文献研究和案例分析建立的初始的大学生开放式领导力影响因素模型中的目标理念、课程体系相契合,归属于专业知识和技能以及通用技能两大类。第二个公因子涵盖的 4 个影响因素主要关注的是突出学生个人特质和个人特性的课程开设和修读,以及学校计划和知识体系的合理程度等,归属于初始模型中的个人特质和开放式洞察力两大类。

考虑到第一个公因子关注的因素都是通过学校提供的课程体系、培养途径、教学形式以及师资水平等而使个人获取能力提升,而第二个公因子关注的因素虽然突出了学生的个人特质,强调的是个性化的课程修读,但是仍旧属于课程体系、培养途径之中。因此,本研究把第一个公因子和第二个公因子归在同一个因子当中,涵盖了基础知识获取、专业知识获取、个人能力发展、第二课堂修读、学习目标完成程度、开放性氛围、综合能力提升、个性课程修读、领导力课程修读、按需选课可得性、课程开设需求满足等 11 个影响因素,这是本研究通过案例验证获取的第一个公因子,命名为培养方案。需要说明的是,这个培养方案跟我们普通高校根据自身的教育教学体系,为了某个专业学生制订的专业培养方案中的培养方案不是同一个概念,本研究命名的培养方案涵盖了本书第三章大学生开放式领导力影响因素模型中的课程体系、培养途径、教学形式和师资水平等四个方面,是一个综合性的大学生开放式领导力培养的途径和方式的概念。

输出结果中的第三个公因子关注的是学校对大学生开放式领导力培养目标的明确性和对其重视程度,以及根据目标制订的计划方案和知识体系的合理化程度,涵盖了领导力培养目标明确性、知识体系合理化、学校领导力培养重视程度、领导力提升以及学习计划方案合理性等 5 个影响因素,这与初始模型中的目标理念相契合,成为本研究通过验证性案例获取的第二个公因子,仍旧命名为目标理念。

输出结果中的第四个公因子关注的是课程类别多样性,主要理解为学校根据学生的个人体质和个人特性进行课程开设,学生根据个人情况进行课程修读,属于课程体系范畴,因此调整归类到第一个公因子。

据此,从学校内部的能力维度出发,本研究验证性的因子分析结果提取了两个公因子,即目标理念和培养方案。

2. 学校外部的能力维度

运用 SPSS19.0 对学校外部能力维度进行探索性因子分析,结果得到 KMO 的值为 0.864,高于因子分析 0.80 的"良好"标准,说明学校外部能力维度的这些影响因素比较适合做因子分析,详见表 4 - 5。

表 4 - 5 学校外部能力维度因子分析 KMO 与 Bartlett 球形检验表

KMO 和 Bartlett 球形检验		
取样足够的 Kaiser-Meyer-Olkin 度量		0.864
Bartlett 球形度检验	近似卡方	1068.297
	df	45
	Sig.	0.000

因子分析结果得到 2 个特征值大于 1 的因子,这 2 个因子对学校外部能力这一维度的解释度为 59.904%,即这 2 个因子共解释了 59.904% 的总变异。如果提取后的因素能联合解释所有变量 50% 以上,则表示其提取的因素可以接受。因此,分析结果表明,学校外部能力这一维度可以提取 2 个公因子,详见表 4 - 6。

表 4 - 6 学校外部能力维度因子分析结果解释的总方差

成分	初始特征值			提取平方和载入		
	合计	方差 %	累计 %	合计	方差 %	累计 %
1	4.935	49.345	49.345	4.935	49.345	49.345
2	1.056	10.559	59.904	1.056	10.559	59.904
3	0.865	8.648	68.552			
4	0.737	7.365	75.917			
5	0.592	5.917	81.834			
6	0.483	4.831	86.665			

成分	初始特征值			提取平方和载入		
	合计	方差 ％	累计 ％	合计	方差 ％	累计 ％
7	0.429	4.294	90.959			
8	0.376	3.756	94.715			
9	0.309	3.093	97.808			
10	0.219	2.192	100.000			

根据因子分析结果输出旋转成分矩阵,针对学校外部能力维度提取了 2 个特征值大于 1 的公因子。第一个公因子包含了国内高校访问可获性、国内高校学习可获性、国外高校学习可获性、国外高校实习科研可获性、国外高校到访接待可获性以及各界人士讲座可获性等 6 个影响因素;第二个公因子包含了竞赛活动可获性、企业组织实习可获性、文化商业氛围促进性以及鼓励创新环境开放性等 4 个影响因素。详见表 4 - 7。

表 4 - 7　学校外部能力维度公因子提取结果分析

旋转成分矩阵[a]	成分	
	1	2
国内高校访问可获性	0.866	−0.001
国内高校学习可获性	0.829	0.064
国外高校学习可获性	0.815	−0.067
国外高校实习科研可获性	0.655	0.093
国外高校到访接待可获性	0.723	0.231
各界人士讲座可获性	0.658	0.234
竞赛活动可获性	0.438	0.578
企业组织实习可获性	0.370	0.737
文化商业氛围促进性	0.498	0.601
鼓励创新环境开放性	0.441	0.607

提取方法:主成分。

旋转法:具有 Kaiser 标准化的四分旋转法。

a.旋转在 3 次迭代后收敛。

第一个公因子涵盖的 6 个影响因素主要的关注点在于国内外高校的学习访问、科研实习以及听取各界人士讲座的机会,考察的是学校外部教育资源的可获性程度,与第三章根据文献研究和案例分析建立的初始的大学生开放式领导力影响因素模型中的与学校外部的互动相契合,命名为外部教育资源的可获性,归属于初始模型中的个人特质和开放式洞察力两大类。

第二个公因子涵盖的 4 个影响因素主要的关注点在于竞赛活动和企业实习机会的丰富性,以及环境氛围的促进性等,命名为课外实践活动的可参与性,与初始的大学生开放式领导力影响因素模型中的与学校外部的互动相契合,归属于初始模型中的个人特质和开放式洞察力两大类。

据此,从学校外部的能力维度出发,本研究验证性的因子分析结果把初始的大学生开放式领导力影响因素模型中的与学校外部的互动拆分为两个公因子,即外部教育资源的可获性和课外实践活动的可参与性。

3. 学生个人维度

运用 SPSS19.0 对学生个人维度各个影响因素进行探索性因子分析,结果得到 KMO 的值为 0.857,高于因子分析 0.80 的"良好"标准,说明学生个人维度的这些影响因素比较适合做因子分析,详见表 4 - 8。

表 4 - 8　学生个人维度因子分析 KMO 与 Bartlett 球形检验表

KMO 和 Bartlett 球形检验		
取样足够的 Kaiser-Meyer-Olkin 度量		0.857
Bartlett 球形度检验	近似卡方	1347.054
	df	91
	Sig.	0.000

因子分析结果得到 3 个特征值大于 1 的因子,这 3 个因子对学生个人维度各影响因素的解释度为 58.939%,即这 3 个因子共解释了 58.939% 的总变异。如果提取后的因素能联合解释所有变量 50% 以上,则表示其提取的因素可以接受。因此,分析结果表明,学生个人维度可以提取 3 个公因子,详见表 4 - 9。

表 4-9　学生个人维度因子分析结果解释的总方差

成分	初始特征值			提取平方和载入		
	合计	方差 %	累计 %	合计	方差 %	累计 %
1	5.657	40.410	40.410	5.657	40.410	40.410
2	1.413	10.094	50.505	1.413	10.094	50.505
3	1.181	8.434	58.939	1.181	8.434	58.939
4	0.908	6.485	65.424			
5	0.807	5.766	71.190			
6	0.702	5.012	76.201			
7	0.644	4.598	80.800			
8	0.546	3.900	84.700			
9	0.505	3.610	88.310			
10	0.407	2.908	91.218			
11	0.349	2.490	93.708			
12	0.338	2.417	96.125			
13	0.275	1.966	98.091			
14	0.267	1.909	100.000			

　　根据因子分析结果输出旋转成分矩阵,针对学生个人维度提取了 3 个特征值大于 1 的公因子。第一个公因子包含了学习能力、信息获取能力、新兴事物感兴趣程度、陌生事物处理分析能力、新技术新应用掌握能力等 5 个影响因素;第二个公因子包含了向人请教问题频率、知识实际应用能力、领导才能提升意识、团队合作协同能力、领导性工作组织策划能力、政策法规关注度等 6 个影响因素;第三个公因子包含了国内外时事关注度、个人成长环境、个人能力提升的家庭支持等 3 个影响因素。详见表 4-10。

　　第一个公因子主要关注的是学生获取、掌握新知识和新技能的能力,在面临陌生的事物时,能客观准确地进行处理分析的能力,并从中获取为将来应用此类能力的本领,本研究将其命名为学习应用能力,归类于第三章根据文献研究和案例分析建立的初始的大学生开放式领导力影响因素模型中的专业知识和技能大类。

第二个公因子主要关注的是知识、技能的实际应用能力,遇事向专家、长者或者师者请教的意识和频率,提升个人领导才能的目标意识,在实际工作中与项目团队成员合作协同完成组织任务的能力,组织策划领导型工作的能力,以及通过关注国家政府的政策法规条例等因素,制定相应的组织策略进行开放性的组织领导的能力。这个公因子是本书所研究的重点所在,即大学生开放式领导力的表现形式,本研究将其命名为大学生开放式的领导力特质,归类于初始模型中的通用技能和开放式洞察力两大类。

第三个公因子主要关注的是学生个人的成长环境,包括家庭、国家、社会等环境,以及身处各类环境时对国内外时事关注度,这主要涉及的是学生个人成长发展的背景。本研究将其命名为个人学习发展背景,归类于个人特质大类。

据此,从学生个人维度出发,本研究验证性的因子分析结果提取了三个公因子,即学习应用能力、大学生开放式的领导力特质和个人学习发展背景。

表 4 - 10　学生个人维度公因子提取结果分析

旋转成分矩阵[a]	成分		
	1	2	3
学习能力	0.745	0.194	−0.210
信息获取能力	0.766	0.260	0.151
新兴事物感兴趣程度	0.834	0.106	−0.010
陌生事物处理分析能力	0.697	0.167	0.200
向人请教问题频率	0.165	0.756	−0.242
新技术新应用掌握能力	0.661	0.237	0.295
知识实际应用能力	0.401	0.546	0.197
领导才能提升意识	0.231	0.698	0.181

旋转成分矩阵[a]	成分		
	1	2	3
团队合作协同能力	0.114	0.753	0.178
领导性工作组织策划能力	0.459	0.523	0.124
国内外时事关注度	0.345	0.335	0.457
政策法规关注度	0.173	0.629	0.134
个人成长环境	0.180	0.246	0.760
个人能力提升的家庭支持	0.285	0.298	0.730

提取方法：主成分。

旋转法：具有 Kaiser 标准化的四分旋转法。

a. 旋转在 6 次迭代后收敛。

　　根据问卷收集的数据，从学校内部的能力维度、学校外部的能力维度以及学生个人维度三个方面对其进行了因子分析。最后从学校内部能力维度提取了 2 个公因子：目标理念和培养方案；从学校外部能力维度提取了 2 个公因子：外部教育资源的可获性和课外实践活动的可参与性；从学生个人维度提取了 3 个公因子：学习应用能力、大学生开放式的领导力特质和个人学习发展背景。7 个公因子分别从各个角度对影响大学生开放式领导力的四个方面的技能产生直接或者间接的影响。

第三节　结果讨论

　　综合以上学校内部、学校外部和学生个人三个维度的因子分析结果，验证案例的各个因素与初始的大学生开放式领导力影响因素模型中的各要素大致相符。

　　1. 初始模型中的目标理念在验证案例的分析结果的旋转成分矩阵中提

取的主成分所包含的 5 个因素为领导力培养目标明确性、学校领导力培养重视程度、知识体系合理性、学习计划方案合理性以及领导力提升,这些因素主要体现了高校在进行学生领导力开发与提升过程中,对学生开放式领导力培养目标的明确程度与重视程度,在这种明确程度和重视程度影响下学生知识体系和学习方案的合理化程度,以及领导力提升的成效。人才培养的目标可以是高等教育开发大学生开放式能力的一个主动姿态,也可以是高校以国家和社会需要为导向,坚持以能力为本的价值取向的一种体现。

美国阿尔维诺学院制订的学生能力培养目标包括:培养有效的交流能力,培养完善的分析能力,提高解决问题的能力,培养能作出正确判断的能力,完善社会交往能力,养成能理解个人与环境之间关系的能力,培养理解当代世界的能力,培养理解和感受艺术和人文学科的能力。(顾明远,1999)培养创新型、实践型、能力型的人才,是高校为社会输送优秀人才的基石。开放式领导力人才的培养,需要高校树立全球性的观念,以全球化的眼光制订和考量人才培养的目标、内容和机制。以大学生开放式领导力提升为目标理念的人才培养,使得高校有了明确的使命,这个使命决定了高校整个的人才培养方案,包括课程体系的设置,培养途径的确立,以及教学形式、师资水平、与校外的互动,等等,这是高校人才培养体系的灵魂。从学校内部能力维度提取的第一个公因子在本研究中命名为目标理念。

2. 初始模型中的课程体系、培养途径、教学形式和师资水平在分析结果中被归类于同一个公因子,具体包括基础知识获取、专业知识获取、第二课堂修读、个性课程修读、领导力课程修读、按需选课可得性、课程开设需求满足、学习目标完成程度、开放性氛围、个人能力发展、综合能力提升、课程类别多样性等 12 个影响因素,这是高校在目标理念的引领下,进行人才培养的具体手段和形式。

教学计划、教学内容、教学形式的制订和确立,师资的配备,需要与人才培养的目标理念相契合,从基础学科知识、专业基础知识、专业核心知识、专业平台知识领域等各个方面进行课程的精选和设置,对学生的培养以能力为核心,同时,根据新知识、新技术的可获性以及社会的需求、人才的特质性,对相关课程进行调整,教学内容进行更新。第二课堂的开设、个性课程的设置、领导力课程的制订,以及按照学科专业的特点,结合领导力提升的目标提供相关课程,都是从开放式的领导人才培养理念出发,进行复合型领导人才培养的重要举措。

高素质的教师是培养一流领导人才的重要保证,一方面对在校教师进行国际化开放式理念的培养,提供机会参加国内外的进修、培训、学术交流等;另一方面,进行师资队伍的多元化建设,利用多种渠道和途径聘请各界人士加入短期或长期的教学活动,引进校外智力以提高师资队伍的整体水平。同时,人才培养过程中需要营造一种开放性的氛围,让学生能够根据教学目标任务,结合自身的特质,较好地完成学校目标,发展个人的能力,提升综合领导力。通过整个的培养方案,把学生培养成具有扎实的人文、社会和自然科学理论基础知识,又具有相关学科和相关交叉学科的专业理论知识和较强技能的人才,这些知识和技能是成为开放式领导人才的关键要素,让培养的人才成为在组织中联通理论与实践,根据组织目标协调具体工作任务的核心。

这个培养方案的概念在这里涵盖了初始模型中的课程体系、培养途径、教学形式和师资水平,作为从学校内部能力维度提取的一个公因子,在本研究中被命名为培养方案。

3. 初始模型中与学校外部的互动在因子分析结果输出中被提取成为两个公因子。第一个公因子包含的 6 个影响因素为国内高校访问可获性、国内高校学习可获性、国外高校学习可获性、国外高校实习科研可获性、国外高校到访接待可获性和各界人士讲座可获性。这个公因子的主要关注点在于通过获得和利用学校外部的资源,包括国内资源和国外资源,让培养的人才融通东西方文化,获得国际化开放式的视野,在经济全球化进程中更好地为组织服务。

百度百科对国际化人才的定义是：国际化人才是指具有国际化意识和胸怀以及国际一流的知识结构，视野和能力达到国际化水准，在全球化竞争中善于把握机遇和争取主动的高级人才。其应具备的素质包括宽广的国际化视野和强烈的创新意识；熟悉掌握本专业的国际化知识；熟悉掌握国际惯例；较强的跨文化沟通能力；独立的国际活动能力；较强的运用和处理信息的能力；具备较高的政治思想素质和健康的心理素质，能经受多元文化的冲击，在做国际人的同时不至于丧失中华民族的人格和国格。在人才培养体系中为所培养的人才提供多种形式的与学校外部的互动，是培养具有开放式国际化视野领导人才的重要途径。学校外部能力维度的第一个公因子在本研究中命名为外部教育资源的可获性。

4. 与学校外部的互动中拆分的第二个公因子所包含的影响因素为竞赛活动可获性、企业组织实习可获性、文化商业氛围促进性和鼓励创新环境开放性等 4 个。这个公因子主要关注的是学校在培养人才过程中为学生提供可参与的实践活动状况，实践活动的可参与性与可参与程度旨在培养学生面对挑战、把握时机、打破常规，进行创造性地工作的能力，突出其理论知识的实践应用能力。

外部实践活动是一种综合性的能力提升途径，其参与主体除了学生和教师以外，还包括学校的管理人员、家长、企业组织的相关人员，甚至社会及政府机构的有关人士等，因此，一方面实践活动的主题选择与设计可以是多方人士从不同方位不同视角出发而确定的，具有相当灵活的开放性；另一方面，学生处于这样一个复杂的环境当中，除了明确各方人士的观点以及其出发点以外，还要学习如何跟这些不同的人群进行沟通交流，参与其中的协调，这对其综合能力的提升具有非常大的促进作用。

外部实践活动所提供的培养环境是以学科知识和思维能力为经纬的，让学生在学校象牙塔外部感受到真实的世界。在进行实践活动主题确定的过程中，学校需要结合多方面的考虑，从企业组织的需求、学科知识结构的要求、学生的兴趣等多渠道考虑实践活动主题的可行性，以达到开放式领导力人才的培养目标。由于实践活动可以是指有别于正常教学的课程以外的，其发生地可以是学校内部，也可以是由学校或者其他相关机构组织的，因此，学校外部能力维度的第二个公因子在本研究中命名为课外实践活动的可参与性。

5. 在文献研究、案例分析以及验证案例考察基础之上，本研究在问卷设计中单列了学生个人维度，并从学生个人维度提取了三个公因子。

学生个人维度的第一个公因子包含了学习能力、信息获取能力、新兴事物感兴趣程度、陌生事物处理分析能力、新技术新应用掌握能力等 5 个影响因素，这 5 个因素主要关注的是学生的个人学习应用能力。在一个"知识化了的全球社会"，"知识"是"知识经济"的关键所在，经济发展的最重要因素就是人们创造和运用知识的能力。美国未来学大师 Alvin Toffler 曾指出，未来的文盲不再是不识字的人，而是没有学会怎么学习的人。

培养学生的学习应用能力是知识经济和全球化社会所要求的。学生的学习兴趣和学习驱动力决定了学生本身的学习态度，根据自身的学习发展规划确立学习目标，有计划地进行创新性地学习。对新出现事物的兴趣和接受程度体现了学生的学习应用能力，同时反过来又促进学习应用能力的提升。

6. 从学生个人维度提取的第二个公因子包含了知识实际应用能力、领导才能提升意识、向人请教问题频率、团队合作协同能力、领导性工作组织策划能力以及政策法规关注度等 6 个影响因素。在高校人才培养体系中，这个公因子所关注的点是本书所研究的关键点，这 6 个影响因素反射出来的正是大学生开放式的领导力特质。

把所学的理论知识应用于实际的工作当中并能恰当地运用，善于发问，遇到问题虚心向人请教，广泛地获取各种资源和信息。对于收集的信息能够有效地进行甄别、分析、归纳和运用，在此基础之上，利用多种方式解决问题，让开放性地获得的多种信息在交互作用下发挥自己创造性的思维，创造产生新信息,使用新信息,发挥其最大的效益。

领导力提升意识的具备需要有知识、技能和心理等多个维度的支撑,首先是自我认识的能力,在此基础之上认识、了解他人。通用电气公司认为的领导者必须具备的四种基本素质当中,第一条就是自我意识,作为一个领导者,应该提前意识到要做什么,在现有的条件和人员配备下,是否需要创造争取另外的资源,并决定怎样去做。领导能力在很大程度上被认为是一种合力,这是一种内生于组织内部并作用于整个领导力资源配置过程的力量,是领导主体用以应对来自领导客体和领导环境带来的挑战,并引导推动一个群体、组织或社会实现共同目标的核心力量。(黄俊汉,2005)

团队合作协同能力所体现的是一种综合的、开放式的"力",整个"力"是一种力系,具有自身的结构,包括信息的处理能力、决策能力、激励能力、团队协作能力、控制力以及统驭力,等等。具体来说,随着信息分工和生产经济活动的日益复杂,开放式的领导者需要对随之涌现的大量信息进行有效的选择、分析、加工和利用,对领导对象和组织所处的环境进行分析和认识,进而对将要采取的行动进行思考并作出决断。同时,为了优化配置领导资源,提高工作效率,激发组织团队内部的创造性和创新性,具备开放式领导力特质的领导者还需要通过帮助满足人的需要而影响人的行为,懂得沟通并且善于沟通。开放式的信息分享、开放式的决策过程以及开放式的领导控制是体现开放式领导特质,发挥团队合作能力和协同团队成员,使领导活动各个环节有机联系成整体性活动,实现组织目标的关键要素。

除了自我意识,根据通用电气对领导力理解的框架,另外三个方面的素质还包括具备较好的交流沟通能力,具备一定的财务知识和背景,是在某一个领域的专家。这四方面的要求也是通用电气领导者培养的目标所在。作为具有开放性特质的领导者,需要以开放式的、科学性的创造思维方式对组织、组织任务、组织内成员以及自身进行分析,坚持开放发展的观点,在开放性的创新理念指引下,把组织的发展和组织内部成员的积极性、主动性和创造性发挥结合起来,进行领导性工作的组织与策划,把个人的能动性转化为组织整体的能动性,合理利用集体思维,集结各方的优势资源,正确选人、合理用人,整个过程体现开放性的领导性工作组织策划能力。

了解国家经济、法律等各项政策法规,无论是对高校进行人才培养,还是具有开放性特质的领导者进行组织任务的解决,都非常重要,对国家政策法规的关注和了解,是开放的组织对组织目标和任务进行分解和下达的一个重要指针。因此,对政策法规的关注度被列为大学生开放式的领导力特质的要素之一。

7.从学生个人维度提取的第三个公因子包含了国内外时事关注度、个人成长环境、个人能力提升的家庭支持等3个影响因素。这3个因素被作为学生的个人发展背景考虑。

从学生个人维度来说,跟领导力相关的最主要的基础特质范围非常广,性别、种族、价值取向以及家庭背景等都会对个人的领导力提升产生影响。为了更好地了解学生的个人背景对其开放式领导力的潜在影响,本研究主要关注学生个人发展的家庭背景,具体而言,包括学生成长的家庭环境、家庭对其个人能力培养与提升的支持、家庭的日常氛围、家庭对国内外时事的关注度,等等,这些具体要素都对学生的成长以及领导力潜力的发挥起到潜移默化的基础作用。在本研究中将这个公因子命名为个人学习发展背景。

初始的大学生开放式领导力影响因素模型中的学生参与反馈,其实就是学生领导力培养的一个评价,但是根据研究现状和案例分析,目前对本研究提出的开放式领导力尚未形成具有明确体系的评价机制,本研究的学生参与反馈体现在学生的各项表现当中,主要是大学生开放式领导力特质,以及学生参与各项第二课堂活动项目中的表现,包括所学知识的实际应用能力、团队协作沟通能力、领导性工作组织策划能力、各类学科竞赛活动能力以及科研训练项目等表现出来的能力。初始的大学生开放式领导力影响因素模型中的宏观环境,在学校利用外部教育资源的过程中已经做了充分考虑,因此在本章提取的各个公因子中也不再单列。

综上所述,本书第四章从验证案例中提取了 7 个公因子:目标理念、培养方案、外部教育资源的可获性、课外实践活动的可参与性、学习应用能力、大学生开放式的领导力特质、个人学习发展背景,由此,本研究对第三章根据文献研究和案例分析建立的大学生开放式领导力影响因素的初始模型进行了调整,修正后的模型详见图 4-6。

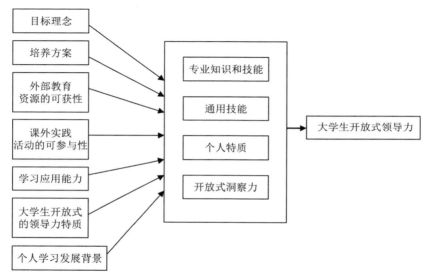

图 4-6 修正后的大学生开放式领导力影响因素模型

科学研究的目的是寻求带规律性的真理来解释和指导我们的实践。而真理的重要表现形式之一就是我们常常说的科学理论。因而,从另一个角度来说,科学的目的,就是识别、论证和构建理论。(范柏乃,蓝志勇,2008)

本章对大学生开放式领导力的影响因素模型进行了验证性的实证分析。以首批进入国家"211 工程"和"985 计划"建设的重点大学之一的浙江大学作为案例验证院校,以上文初步提出的提升大学生开放式领导力的各个影响因素以及初步构建的大学生开放式领导力影响因素模型为基础,分析了浙江大学的人才培养体系,以及浙江大学在提升学生开放式领导力进程中所采用的举措。在此基础之上,本研究从学校内部、学校外部和学生个人三个层面出发,设计了调查问卷,进行了相关数据的调查收集。

本研究对调查回收的 239 份有效问卷收集到的数据进行了定量分析,主要运用 SPSS 软件对问卷的信度进行了检验,并对大学生开放式领导力的影响因素进行了因子分析,从验证的角度对通过理论研究和案例分析得出的大学生开放式领导力影响因素进行了考量。

目标理念、课程体系、培养途径、教学形式、师资水平、与学校外部的互动、学生参与反馈和宏观环境是大学生开放式领导力的初始模型中的 8 个影响因素。根据验证性案例分析结果,对初始模型中的影响因素进行了调整,从学校内部、学校外部和学生个人三个维度提取了目标理念、培养方案、外部教育资源的可获性、课外实践活动的可参与性、学习应用能力、大学生开放式的领导力特质、个人学习发展背景等 7 个公因子,共同对前文提出的专业知识和技能、通用技能、个人特质和开放式洞察力四个方面的技能产生直接或者间接的影响,并进而对大学生开放式领导力的开发和提升产生作用。

第五章　大学生开放式领导力提升案例研究

本章将基于案例实践进行研究，主要从建立的大学生开放式领导力影响因素模型出发，分析梳理实际案例高校在人才培养过程中对学生开放式领导力培养和提升的举措和成效。

在案例院校的选取上，本书主要考虑以下三点：第一，在国内或者国际上具有一定的知名度；第二，在人才培养上具有自己的特色以及一定的影响力和号召力，在高校当中起到一定的引领作用；第三，笔者可以获取或者通过实地调研获取第一手的人才培养资料，这点尤为重要。根据这三项原则，在对国内外高校进行严格筛选的基础上，本书选取了笔者所在的浙江大学和与浙江大学有着交流合作的美国加州大学伯克利分校作为案例研究的对象。

浙江大学是一所历史悠久的全国重点大学，其前身求是书院成立于1897年，经过100多年的建设与发展，历经20世纪50年代和1998年的两次重大的分立和合并，目前学校已发展成为在国内居于一流水平、在国际具有较大影响的综合性研究型大学。在120多年的办学历程中，浙江大学始终以造就卓越人才、推动科技进步、服务社会发展、弘扬先进文化为己任，形成了以"求是创新"为校训的传统。在严谨的求是学风的指引下，浙江大学培养了大批的优秀人才，校友中当选为中国科学院、中国工程院两院院士的有200余人。

作为一所特色鲜明、在海内外有较大影响的综合型、研究型、创新型大学，浙江大学的学科涵盖哲学、经济学、法学、教育学、文学、历史学、艺术学、理学、工学、农学、医学、管理学等十二个门类。设有7个学部、37个专业学院（系）、1个工程师学院、2个中外合作办学学院、7家附属医院。截至2018年底，浙江大学现有全日制在校学生54641人（其中：本科生25425人，硕士研究生19038人，博士研究生10178人），国际学生7074人（其中：攻读学位的国际学生4409人）。有教职工8909人（其中：专任教师3741人），教师中有中国科学院院士23人、中国工程院院士（含双聘）45人、文科资深教授10人、教育部"长江学者奖励计划"入选者（含青年学者）121人、国家杰出青年科学基金获得者133人。在国家公布的"双一流"建设名单中，学校入选一流大学建设高校（A类），18个学科入选一流建设学科，居全国高校第三。根据2019年5月ESI公布的数据，学校8个学科进入世界学术机构排名前1‰，居全国高校第一；有1个学科进入世界学术机构排名前万分之一，有8个学科进入世界学术机构排名前100位，均居全国高校第二；有5个学科进入世界学术机构排名前50位，居全国高校第三。8个学科进入世界学术机构排名前100位，均居全国高校第二；有5个学科进入世界学术机构排名前50位，居全国高校第三。

笔者作为浙江大学本科生院的工作人员，深入浙江大学本科生培养的各个部门，包括通识教育中心、课程中心、学籍中心、交流学习中心、教学培养办公室、实践教学办公室、教学资源管理中心、教学质量管理办公室、教师教学发展办公室，以及浙江大学荣誉学院——竺可桢学院等，分别对教师、学生以及相关部门的一线工作人员和负责人进行了访谈，得到了大量第一手的资料。

美国加州大学伯克利分校（UC Berkeley）成立于1868年的旧金山，是享誉学术界的研究型大学，2016年在USNews世界大学排名榜上排世界第四。目前设有14个学院，共130多个系和80多个跨学科研究机构，拥有1500多名全职教师以及500多名兼职教师，每年为350多个学位项目开设7000多门课程，2015—2016年伯克利主要文理研究生项目几乎全部位列全美前5。[1]到2018年，伯克利相关人士中，有107位获得诺贝尔奖，14位获得菲尔兹奖，

---

① 全美最佳研究生院及职业学院，USNews官网，2016年。

25 位获得图灵奖。① 杰出校友有各个行业的领导人,如苹果公司的合作创始人 Steve Wozniak,谷歌 CEO Eric Schmidt 等。

从 1868 年成立至今,UC Berkeley 已经成为经济发展和社会创新的催化剂,这里发现了维生素 E,发现了斯卡拉蒂(Scarlatti)失传的歌剧,分离了流感病毒,起草了美国第一部不寻求不判定过失的离婚法。伯克利的学者们研究的问题非常广泛,从社会问题、人类问题到工业技术、计算机,以及婴儿的思维,等等。

笔者于 2013 年 7 月至 8 月、2016 年 8 月以及 2018 年 8 月三次在该校进行考察访问,对加州大学伯克利分校的教学目标和理念、人才培养体系以及相关的领导力项目有了一个比较广泛的了解,并作了相关数据资料的采集。

第一节　浙江大学大学生开放式领导力提升实践

本部分将重点考察首批进入国家"211 工程"和"985 计划"建设的重点大学之一的浙江大学,以上文初步提出的提升大学生开放式领导力的各个影响因素以及初步构建的大学生开放式领导力影响因素模型为基础,分析浙江大学的人才培养体系,以及浙江大学在提升学生开放式领导力进程中所采用的举措。

(一) 目标理念

浙江大学坚持"以人为本、整合培养、求是创新、追求卓越"的教育理念,强调知识、能力、素质多方面的培养,鼓励自主化、高效化、研究化和国际化学习,宽、专、交相结合,提出了本科人才培养总目标:培养造就知识、能力、素质俱佳,具有国际视野的拔尖创新人才和未来领导者。本校积极探索研究型大

---

① 分别引自维基百科官网、诺贝尔奖官网、菲尔兹奖官网以及图灵奖官网。

学实践教育、创新创业教育新形式和新途径,推进"四课堂"融通,即第一课堂、第二课堂、第三课堂、第四课堂衔接融汇,促进学生个性化、研究化、社会化、国际化学习和发展。

课程教学是第一课堂,除此以外的教育教学环节归类到第二、第三、第四课堂,"四课堂"融通是以培养学生家国情怀、社会责任、科学精神、专业素养、国际视野为目的的一系列教育教学实践活动,是大学生学习成长的重要组成部分,是全面提升大学生综合素质的实践创新平台,是引导大学生树立新观念、增强自主发展动力的有效载体。其中,第二课堂是指学生在校内参加的各类实践活动,包括学科竞赛、创新创业训练、素质训练、科学研究、创新实验、学生社团活动、学生工作经历、文体活动等;第三课堂是指学生在校外、境内参加的各类社会实践、就业创业实践实训等活动,以及校内外志愿服务活动;第四课堂是指学生在境外参加的各类学习实践活动,包括联合培养、交换生项目、实习实践、创新创业交流、学术交流、文化交流等。[①]

四课堂教学是浙江大学开拓人才培养的新途径,实施前期通识教育与大类培养、后期宽口径专业教育和跨学科学习的新模式,要求各专业院系根据学校的人才培养总目标,对人才培养的规格和要求进行调整,力争建立基本符合国际一流的研究型大学本科教育教学体系,培养和造就高素质的创新型人才。

浙江大学注重精研学术和科技创新,建设了一批开放性、国际化的高端学术平台,汇聚了各学科的学者大师和高水平研究团队。近年来,学校发明专利授权数、权威学术期刊论文发表数、科研总经费等主要科研指标保持全国高校领先地位,在科学技术和人文社科领域取得了丰硕成果。学校主动对接国家和区域重大战略需求,着力打造高水平的创新源、人才泵和思想库。"十二五"以来,学校作为牵头单位获得国家科技进步特等奖 1 项、一等奖 7 项、二等奖 40 项;《中国历代绘画大系》、《中华礼藏》、敦煌学等文化传承创新

---

① 引自浙江大学官网:http://zy.zju.edu.cn/web/snapshot.do? keyword=四课堂 &docNo= 37z65764。

成果在海内外产生了广泛影响。

在打造卓越教育品牌,着力培养德智体美劳全面发展、具有全球竞争力的高素质创新人才和领导者这个培养目标的引领下,浙江大学与时俱进的教育思想、走在全国前列的教育教学改革模式、创新型的人才培养、先进的教学设施、广泛的国际国内交流、各种形式的竞赛讲座、丰富的校园文化等,都为培养和提升本科生开放式领导力创造了优越条件。

(二)课程设置

从知识、能力、素质、人格并重(KAQ 2.0)的育人理念出发,浙江大学将各学科专业大类的课程分为通识课程、大类课程、专业课程、个性课程以及非收费学分课程,其中非收费学分课程指的是第二课堂和特殊课程。

按照浙江大学大类招生、大类培养的培养体系,本科教育逐步形成了通识课程、大类课程和专业课程"三位一体"的课程体系。通识课程旨在全面提高学生的素质,特别是为学生了解历史、理解社会和世界提供多种思维方式和广阔的教育,其目的在于让学生形成均衡的知识结构;大类课程旨在培养学生建立宽厚的学科知识基础,拓宽知识面,奠定学生今后学业发展的基石;专业课程旨在培养学生扎实的学科专业知识以及动手能力、创新精神。这三大类课程着重让学生获得相关专业所必需的专业知识与技能和通用技能。

另外还有一部分学分则是由学生自主设计并修读的相关课程,学生可以根据个人的兴趣爱好,自主选择某一学科专业的一组课程进行修读,也可以选择学校的双专业、双学位培养方案,如"计算机+某专业""生命科学+某专业""某专业+管理""某专业+教育""某专业+法学"等,进行跨学科学习。个性课程则完全由学生自主选择修读,各学院和专业根据情况设置一些跨专业课程或专业选修课程模块,并建议学生修读,以促进学生个性化发展,培养个人特质。

这是学校完善学分制,促进学生自主性学习、创新性学习和个性化学习的举措,从开放式的角度进行课程体系的设计,前期强化通识教育,打好宽厚的基础,后期突出宽口径的专业教育和交叉学科培养的人才培养模式。

(三)特色培养

学校积极发挥各个专业学院的师资特长和学术特长,对学生进行结合本专业的特色培养。本科生课程的任课教师包括了学科带头人、两院院士、长江学者、政府基金奖励学者等学识渊博、思想活跃的教师,同时,学校还聘请了国内外知名教授为学生授课,并对教师的授课能力以及教学效果进行考核,其中,竺可桢学院作为浙江大学设立的荣誉学院,采纳实施了一系列开放式领导力人才培养的举措。

浙江大学竺可桢学院成立于2000年5月,以浙大竺可桢老校长之名命名,学院前身为创办于1984年的原浙江大学(工科)混合班,现任院长是浙江大学校长吴朝晖院士。竺可桢学院是浙江大学对优秀本科生实施"特别培养"和"精英培养"的荣誉学院,是实施英才教育、培养优秀本科生的一个重要基地。学院以"为杰出人才的成长奠定坚实的基础"为宗旨,实施哲学思想教育、数理能力训练等本科全程培养的卓越教育计划,为培养造就基础宽厚,知识、能力、素质、精神俱佳,在专业及相关领域具有国际视野和持久竞争力的高素质创新人才和未来领导者奠定坚实基础。学院依托学校强大的学科和高水平师资,采用多元化培养模式和个性化培养方案,为优秀学生的个性充分发挥、潜能充分发掘提供朝气蓬勃、张弛有度的发展空间,为培养战略性科学家、创新性工程科技人才、高科技创业人才及各界领袖人物打好坚实的基础。[①]

本科阶段学业优秀且完成竺可桢学院特别培养计划的学生可申请成为学校荣誉学生,荣誉学生可获得学校颁发的浙江大学竺可桢荣誉证书。学院

---

① 引自浙江大学竺可桢学院官网:http://ckc.zju.edu.cn/chinese/redir.php? catalog_id=50011。

毕业生前景广阔,国内外读研率达 90％,其中出国读研率在 40％以上,一大批毕业生已在国内外研究或工作领域崭露头角。

在学校通识、大类、专业课程三位一体的课程体系指导下,竺可桢学院开设了精品课程、全英文课程等特色课程,聘请了专业的外籍教师,采用原版教材。通过多样化的课堂教学环节培养学生对学科的认知和兴趣,学生通过修读文学、艺术类课程提高审美能力和人文素养。在课堂教学以外,还为学生提供学术活动、课题研究、工程设计、社会实践、海外交流的机会,锻炼学生的创新能力和实践能力。国际化培养是竺可桢学院特色培养模式的一个重要环节,通过"卓越人才培养计划""Melton 基金会""亚太地区学生企业家精神联合会"和"中国企业体验计划"等项目,资助、派遣优秀本科生赴国外、境外知名大学、工商企业进行学术交流和工作实践,为本科生提供跨文化的交流机会和国际化的实践机会。[①]

(四)课外实践活动

为了提高学生的综合素质,浙江大学为学生提供各种形式的竞赛活动、实习项目以及其他多种形式的文化活动,学生可以通过参加各种各样类型的第二课堂以获取相应学分,并且学校对此有最低毕业学分要求,以确保学生在课堂内容之外,接受多种形式的开放式的活动体验。

活动项目内容非常广,主要包括国际、亚洲、国家、省(部)、学校、院(系)和学会(协会、行业)组织的各类学科竞赛;国家、省(部)、学校和院(系)的大学生科研训练项目;国际、亚洲、国家、省(部)和学校组织的各类文体竞赛;学校和院(系)组织的各类科技、学术和文化节(周)活动项目;自主实验技术创新项目与实验竞赛;就业实习或实训;社会实践、社会工作和国(境)外交流;论文、专利等成果发表;学业指导团队和学长项目;全校公益性服务项目;其他经学校有关部门审核认定的活动或项目。考虑到学生的开放式的个性化

---

① 引自竺可桢学院官网:http://ckc.zju.edu.cn/chinese/redir.php? catalog_id=50005。

发展,浙江大学对课外项目的定义十分广泛,其中"经学校有关部门审核认定的活动或项目"这一条保证了前面没有明确提到的一些具有创新性、创造性的活动和项目得到课堂的承认,为学生开放式思维的培养提供了有力的支撑。

(五) 国际交流实践

传承求是精神,开拓国际视野,培养未来领袖,是浙江大学人才培养的目标。拓宽国际交流渠道,培养学生国际交流能力,对学生进行国际化培养,则是其培养学生开放式领导力的具体举措。

浙江大学目前已与40多个国家和地区的200多所大学签订了校级交流协议,并与其中60多所院校开展着积极的交流活动,交流形式有交换生项目、寒(暑)期项目、学位项目、科研项目、实习项目、学科竞赛项目、文化交流项目等,同时,学校接受多个国(境)外高校学生到浙江大学学习交流。在推进对外交流项目的双向流动过程中,学校不断完善"三圈两线一点"的国际交流网络,即环太平洋大学联盟、世界大学网络、联合国教科文组织的东南亚大学联盟——"三圈";从俄罗斯出发经乌克兰、东欧、中欧至西亚土耳其,韩国、日本——两线;诺贝尔奖诞生地瑞典——一点。浙江大学充分利用该网络加强同国外院校间的联络,增加学生交流的频率,扩大学生交流的规模和范围,提高学生交流的层次。

第二节　加州大学伯克利分校大学生开放式
领导力提升实践

国内外高校对大学生开放式领导力提升的实践都在进行着不断的探索和实施,从20世纪五六十年代开始,美国的人才培养理念一直在向着具有创新性、创造性、开放性的人才培养而努力,认为高等教育应该使培养的人具有批判性思维的能力、综合大量新信息的能力，以及掌握语言技巧、批判性阅读、有效写作、语言清晰、虚心听取意见的能力。（Rutherford & Algren，1990）大学造就的人才应该是一种特殊的人才，他们富有探索精神并渴望解决问题，拥有代表其清晰思维和熟练掌握语言的交流技巧，拥有丰富的多样化经验。（博耶研究型大学本科生教育委员会，2000）2006 年，National Infrastructure Advisory Council 发表的 *Workforce Preparation*，*Education and Research* 报告，即"劳动力的培养、教育和科研"报告，把美国的人才培养放入国际经济竞争的背景下进行关注，强调美国要从内向思维转为外向思维，面向国际，关注和借鉴其他国家的教育经验，以为自身的教育改革提供不同的思路和参考，把人才培养体系经营成一个开放式的系统。

作为世界一流的公立大学，加州大学伯克利分校是创新型领导人才的发源地和摇篮，本部分将以 UC Berkeley 作为学生开放式领导力培养的案例进行考察。

（一）教学目标

加州大学伯克利分校专门成立了教学中心（Center for Teaching and Learning），由副教务长直接主管，主要的职责包括鼓励教学优化和创新，给教师提供支持，评价教学成果，以及协调其他与教学相关的项目和活动。

伯克利教学中心建议，每一位教师在确立教学目标和教学计划的时候，需要考虑三个问题：

1. 我的学生是谁？

2. 他们的需求是什么？

3. 课程的要求是什么？

教学中心认为，虽然教师们对于自己的课程都有一整套的学习目标，这三个问题往往包含其中。以学生为中心的教学目标，可以让学生从整体上了解一门课程的结构和总体框架，并且在他们学习的进程当中，反思并调整自己的学习方法。课程结束的时候,学生应该知道具备了什么样的能力。对于这个问题的考虑可以让教师对于课程的目标更加具体化,确定什么样的教学活动可以更好地让学生获得能力,并根据学习效果反馈进行调整。教学中心让授课教师关注的重点是:无论学生或者教师本身对课程涉及的任何一个方面或者一部分内容是否感到非常满意,如果这个方面或者这部分内容不能直接促进教学目标的实现,那么,这部分内容根本不属于这门课程,或者说,教学目标需要重新调整。

关于教学目标,教学中心强调:低阶思维能力是嵌入在高阶思维技巧内部的。低阶思维能力指的是知识和理解能力,高阶思维能力则是指分析、综合、评估和应用能力。很明显,任何需要高阶思维能力的学习目标,同时包含着低阶思维能力,学生的规划能力、表达能力或者是创造力,都必须建立在辨别能力、认知能力、解释能力和记忆力基础之上。并且,相对于理论而言,实践更是学习效果得到保证的途径。合理的教学目标可以引领教师进行课程内容的设置、教学方法的选择、学生作业以及学习效果评估形式的确定,而相对于学生而言,合理的教学目标指明了学生学习的方向和领域。

(二) 课程设置——研究能力和实践能力的结合

加州大学伯克利分校非常重视科学和人文教育,除了化学学院、工学院等 5 个专业学院以外,四分之三的本科生由文理学院(Collge of Letter & Science)负责培养,实施的是博雅教育(Liberal Arts Education),除了学校和学院层面的 6 门必修课和跨学科的 7 门选修课以外,各个专业学院会根据专业特色设置课程。

加州大学伯克利分校是美国多元文化的交汇之地,其全校性必修课第一类主要要求学生学习美国历史和制度,了解美国的多元文化;第二类是基本素质和基本技能的训练,包括外语、阅读、写作以及定量推理。文理学院要求每位学生选修 7 门跨学科通选课程,这 7 门课程来自 7 个不同领域,每个领域都有数百门课程。其中,生命科学和国际研究被单独列为一个领域,表明其对生命科学和学生的国际化视野的重视。(金顶兵,2007)

专业学院的课程设置根据专业特征,一般包括基础课和专业课,加州大学伯克利分校非常注重学生研究能力和实践能力的培养。伯克利本科教育委员会在 2000 年提出了本科教育三阶段模式:学生的第一学年和第二学年是探索阶段,是第一阶段即基础奠基阶段(Cornerstone Phase),在该阶段,学校要求学生探索新的领域,为专业打基础,发展终身学习的技能和愿望。学生在第三学年确定主修专业后的专业阶段,即为第二阶段,主要学习学科的基本框架和核心内容。第三阶段是封顶阶段(Capstone Phase),由学校指导学生把学术理论知识和经验进行整合,为他们提供实习、论文写作和社会服务的机会,培养学生的综合性思考能力。与三个学习阶段相匹配,加州大学伯克利分校的本科课程分为初级课程和高级课程。

(三) 教学方式

培养学生开放式领导力的教学方式,加州大学伯克利分校主要倡导的是学生的主动学习。除了听老师授课以外,学生还必须阅读、写作、讨论或者尝试解决问题。最重要的是,学生必须接受分析、归纳、评估等一些高阶的思维能力的训练。从这个意义上来说,促进主动学习的战略应该被理解成为这样一些教学活动,这些教学活动让学生动手并主动思考自己在做什么。(Bonwell,C. & Eison,J.,1991)主动学习主要有三种具体形式:以问题为导向的学习(Problem-Based Learning,即 PBL)、团队学习(Group/Team-Based Learning)和讨论学习(Discussion-Based Learning)。

以问题为导向的学习:一般被认为起源于 20 世纪五六十年代北美的创新保健课程。医学教育涉及大量的基础学科课程以及临床项目,在培养学生方面,很快就显出了其低效性以及不人道,尤其是在医学信息和新的医学技术大爆发的背景下,社会对医疗的要求越来越高。PBL 的开发不仅是一种具体的教学方法,它还是一种教学理念的重心,即以学生为中心、跨学科教育以及终身学习。(Boud,D. & Feletti,G.,1997)

PBL可以让学生能够学会把假设演绎推理和多个领域的专家知识结合起来,并且付诸应用,被认为是提升学习能力的一种理想模式。PBL是一种以学生为中心的方法,学生们在教师的帮助下,进行理论研究,把理论和实际联系起来,并且把知识和技能应用到复杂问题的解决当中,学生们通常以小组为单位进行研究和应用。

Hmelo-Silver(2004)认为,PBL的成功主要是由于以下这些原因:第一,在以问题为导向的学习中,学生必须对自己的学习负责;第二,必须允许学生针对PBL中的问题进行自由探索;第三,学习过程必须是综合的,因为视角的多样性可以对所研究的问题形成更为深入的理解,也更容易找到一个更为有力的解决方案;第四,协同合作对PBL来说是根本;第五,团队成员通过自主学习获得的知识应当跟整个团队进行分享,并考察这些知识对找出问题的解决方案会产生怎样的影响;第六,对学生所学知识的总结分析;第七,PBL所研究的问题必须是现实世界里真实存在的;第八,学生学习过程必须进行按阶段的评估,以更好地达成以问题为导向的学习目标。

团队学习:有时又被称为合作学习,是一种"形式高度结构化的团队合作,其主要关注的是如何在一个高效的教师的指导下探寻问题的解决方案,这个方案可以让学生更为深入地学习,进行批判性地思考,并且让学生的思维产生真正的范式转变"(Millis,2010)。

团队学习的关键之处在于两点:一是积极的相互依赖。学生小组成员们聚集在一个既定的问题周围,这个问题光靠他们任何个人的力量都是无法较好地完成的。这就意味着学生们是带着一种既得利益的概念参加到团队工作中来的。二是个人的责任。在团队成果评估中,每个成员都获得了自己相应的分数,虽然团队会有一个总成绩,但是每个成员各自的分数都是通过评估该成员的独立工作而确定的,比如,团队成员们可以递交一份同行评估,对团队其他成员表现打分。因此,每个团队成员需要为自己的最终评估付出努力。

有效团队学习的关键之处在于团队成员充分理解团队动力的基本规则,也就是说,每位成员必须明白,自己需要与其他人共同努力才能完成任务,然后把这些规则应用到具体的任务当中去,以最终完成只凭单个人的努力无法获得的能力。

讨论学习:以讨论为主要途径的教学方式在加州大学伯克利分校的课堂中非常普遍。在这里,课堂讨论被认为是非常有价值的教学技能。以下将以来自不同学科的几位教师的访谈来阐述讨论学习的具体内容。①

访谈案例一:Bob Jacobsen,物理学科

我的第一堂课是第一学期上午 8 点的物理课,根本没有学生愿意开口说。我知道坚持的重要性,一天不行,就一周,一周不行,就一个月,一定要坚持。如果让学生开口是你的目标的话,那么你可以教会你的学生,哪怕起步的时候不顺利。你可以考虑一下改变这种情况的方法。如果一群学生下课后拥在前面聊天,这说明什么?这就意味着同学们对于这个问题是有兴趣的,但只是因为 15 分钟之前在课堂上的讨论让他们感到不自在。这些都可以作为教师分析大家不愿在课堂上讨论的原因所在,也许是因为某个人,也许是因为你提出问题的方式过于正式,了解了这些,你就可以开始考虑学生们的兴趣在哪里,进而考虑你该如何开始组织下一个讨论。

访谈案例二:Juan Pestana,土木和环境工程

学生们刚到伯克利的时候,脑子里固有的思维就是他们应该坐在那里倾听老师,因为,从幼儿园一直到高中,他们一直接受着这样的训练。然后,突然间,他们被要求开口了。因此,这并不可能一夜之间就

---

① 引自加州大学伯克利分校网站:http://teaching.berkeley.edu。

能实现,作为教师,应该根据学生不同阶段,对他们的讨论情况有不同的预期。如果我原来就明白这点,其实我不会那样去逼他们。我想我会给他们提供机会,而不是为了达到让他们讨论的目的而把那个作为衡量成功的标准,我觉得这应该是一个自然而然的过程。

访谈案例三:Angy Stacey,化学

一般来说,如果我提的问题合适,难度适中,他们就讨论开了。每当我提一个比较复杂的问题,教室里往往是一片沉默。但是我们可以用形式多样的方法来开始讨论,比如演示,并且,我总会表扬那些真正参加讨论的学生。

访谈案例四:Karl Britto,比较文学和法语

对我来说,真正的困难在于,我想我们大部分选择教师作为职业的人,与人交谈或者跟一群人谈话时,总是非常的得心应手,我花了好长时间才意识到这一点。在我自己还是一个学生的时候,我就非常喜欢在课堂上发言。因此,很长时间里面,我都没意识到这个对于有些人来说却是非常困难的事。然后,我开始明白学生们在教室里可以有多种多样的存在方式,参与课堂学习也可以有多种不同的形式,而我作为教师,在帮助那些不善于讨论的学生减少焦虑甚至恐惧方面,能够做的事有很多很多。

(四) 课外活动

公共服务中心(Public Service Center)是加州大学伯克利分校的一个专门机构,成立于 1967 年,即原来的 Cal Corps,其主要任务为了社会的公正、健康社区的构建,把理念、资源和人有机地结合起来,培养人们对社会服务的终身承诺。

公共服务中心的理念包括：第一，把有意识的思考和实践结合起来，是学习的最好方式，这种实践可以为学生、教师以及社区居民提供一个机会，让他们从自己的社区、自己的学术准则和个人经历基础上去探索社会问题。在这个过程当中，人们还可以了解自身的价值和优势，提升自己的行动能力。第二，社区面临的挑战十分复杂，只有通过社区合作伙伴、学生以及教职员工之间的长期可持续的关系才能应对这种挑战，而这个长期可持续关系的建立需要很长时间，并需要不断地投入和更新。第三，智慧来源于真实的生活经验，因此社区居民也是最好的老师，他们的战略智慧可以帮助学生明确社区的财富和需求，这些智慧很多都是教室里学不到的。第四，学生的潜力是巨大的，他们可以为他人提供服务，并且为社会公正做出贡献，他们的激情、天赋、想法和经验可以让他们成为成功的变革者和领导者。

公共服务中心通过奖学金、校园—社区伙伴关系和学生领导力等多种形式推进社会活动。2012年，有超过4000名学生通过中心提供了总计29万个小时的校外社区服务。在公共服务中心的网站上，列举了学生可以选择的项目，每个项目都有详细的介绍和学生参加的方式方法，同时每个项目提供了各种参考意见、免费的咨询电话以及相关专家顾问的联系方式，让学生在做决定是否参加之前可以进行全面的考虑。参加过某个项目的学生会提供大量的实际体验和意见建议供后面的学生参考。

这些项目把学生与服务和领导体验结合起来，形式多种多样，学生可以根据自己的目标、兴趣、时间等在各个项目间进行选择。特殊假期项目（Alternative Breaks）让学生在假期通过有意义的服务、教育和思考去探索社会问题，如环境公平、健康保障、移民问题以及流浪汉现象等，2013年该项目是一个长学期课程的实践环节。邦纳领导者项目（Bonner Learders）给学生提供机会在非营利组织、社区组织和公共服务中心进行实习，通过提供直接的服务为低收入社区服务，并为组织进行能力建设。伯克利城市学院服务社区项目（Berkeley City College Service Community）的主要目的是提升伯克利学生和伯克利城市学院学生的领导力,并同时为社区大学的学生提供帮助,该项目的理念是在培养富有责任心的领导人才过程中,学生真正的参与至关重要。真如苑和平领导力项目(Shinno-en Peacebuilding Leadership Program)是公共服务中心跟和平与冲突研究中心合作,让领导者把对社会公平思想和激情转化为行动的项目。报税义工团队项目(Volunteer Income Tax Assistance Program)的主要任务是为东湾区低收入工薪阶层家庭提供免费的所得税返还申请服务,该项目为期一年,可以让学生志愿者把学科知识进行实际应用的同时,更好地了解收入不均、贫困以及有益的税收政策等一些当前的问题。2013年公共服务中心提供了二十几个项目,对于有些任务有所重合的项目,公共服务中心会对其进行重新整合调整,让资源得到更好的分配和利用。

(五) 学生领导力机构和项目

加州大学伯克利分校的领导中心为学生提供了提升领导力的各种途径,中心与各类组织协同合作,为学生的领导力培养提供更为高效的途径,并给所有伯克利学生提供综合性的建议。它的宗旨是在学生探索领导力和社会变革的学习过程中给予引导,通过让学生在学校参加项目、课程、指导活动等,对其进行组织能力的提升,磨练他们的领导能力。领导中心在学校网站公布电话、工作人员邮箱以及办公时间地点等,时刻为有需要的学生提供咨询服务。在培养领导力过程中所运用的尖端领导力模型包括寻找优点(Strengths Quest)、领导力色彩(Leadership Colors)、团队的五个功能失调(The Five Dysfunctions of Teams),等等,每年为学生提供的领导力计划有七八个。

社会公平领导者计划(Blueprint Leaders for Social Justice)培养学生的独特的领导风格,为这个社会的改善做出努力。计划初期,学生们通过每周参加一些互动和操作性的活动,了解自己的身份、背景、价值观所在,以及自己的领导风格,然后,学生们将被分成小组,每组 3 到 4 人,按小组进行领导力开发的具体项目活动,这些团队项目可以让学生知道自己在团队中所扮演的角色以及如何让团队的运作更为有效。计划的后期,一些伯克利的学生领导会跟大家一起讨论。

领导在加大(Lead at Cal)项目主要为了培养学生进行有效团队的创建,以及培养学生更强的社区意识,让学生运用前沿的理论培养较强的团队动力。学生需要参加互动性非常强的训练模块和活动,并明白一个由单个的人组成的小组是如何成为一个团队的。通过项目的训练,学生们能够更好地明白如何策划有效的动态会议,更好地理解多样化的学习方式对团队经验的积极影响,获得开发团队所需的核心技能,运用有效的团队动力理论进行技能和相关活动的实践。

加州大学伯克利分校还为学生、教师和从业人员提供了最短时间为 2 周的多种形式的领导力工作坊(Leadership Workshop)。而领导力研讨会(Leadership Symposium)则为所有的学生提供了机会,让他们在学习领导技能的同时,有机会确定自己的领导风格。在研讨会上,学生们可以与教师、行政人员、校友、社区居民以及其他学生进行互动并相互学习。通过研讨会,学生们可以探索自己的领导风格,增强自身的领导能力,提升自己的知识和能力,与他人建立更为密切的关系,为社会乃至整个世界带来积极的变革。对于所取得的成绩,加州大学伯克利分校的总结参见图 5-1。

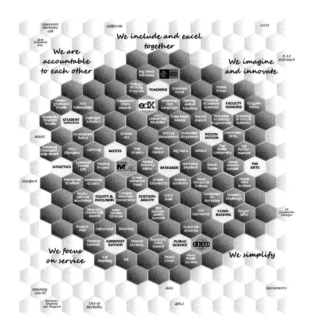

图 5-1　2012—2013 年加州大学伯克利分校的成绩(部分源自于校内协作的深度和广度)
资料来源：http：//teaching.berkeley.edu

第三节　大学生开放式领导力提升实践案例比较分析

国内外高校对本科生开放式领导力提升的培养要求,都融入到了人才培养的理念以及人才培养的具体举措当中,强调学生在创新精神、创造力培养的基础上,注重个性的自由发展,进行领导力的综合提升。

从人才培养的目标理念来看,高校在继承一贯的学术传统的同时,拓展并深化着职能,浙江大学和加州大学伯克利分校都把提升本科生领导力作为人才培养的一个重要环节。具体而言,领导力培养的核心技能包括分析能力、管理能力和倡导能力,这是两校进行领导力培养所重点关注的三种能力。分析能力和技巧可以让领导者从多个备选方案中找出最优选择;管理能力可以让领导者有计划、战略性地运用有限的资源有效地实现组织目标;倡导能力指的是领导者运用管理知识和技能,准确清晰地表达自己的观点并获得追随者的认同和支持,进而实现组织目标的能力。本章从目标理念、课程设置、特色培养、课外实践活动以及国际交流实践等环节,分别对浙江大学和加州大学伯克利分校对该三项能力的培养进行了阐述。

就课程设置而言,浙江大学和加州大学伯克利分校都比较注重学生思维能力的培养。浙江大学按照其大类培养和大类招生的体系,将课程分为通识、大类、专业课程等。学生在本科第一学年修读通识课程和大类课程,可以多方面地了解历史、社会以及世界,进行多种思维方式的训练,为本科第二学年确认主修专业奠定基础。这方面与伯克利本科教育三阶段模式非常类似,让刚接触大学学科的高中毕业生有足够的思考时间和空间对自己所学专业进行探索和选择。但是伯克利对于定量推理(Quantitative Reasoning)能力和国际视野的培养非常重视。定量推理是美国大学都普遍重视的课程,包括哈佛大学和耶鲁大学,开设的课程包括人口统计学、数论、演绎逻辑、程序分析、因果关系与推理等。

国际化作为开放式领导力培养的重要环节,两所院校都非常关注,具体举措包括国外师资引进、国际学术会议参与、国外合作项目研究、学生国际交流项目等。浙江大学以国际化为基本的培养目标之一,为学生提供跨文化的交流机会和国际化的实践机会,引进国外优秀的师资,并资助和派遣优秀本科生赴国外知名大学进行学术交流和工作实践。加州大学伯克利分校的地理位置决定了其国际化的程度,这是其国际化的"逻辑起点"。一方面,其教师和学生有着显著的国际多元化特征,白人、亚裔、非洲裔等各占相当比例;另一方面,加州大学伯克利分校于 1990 年成立了"国际与地区研究所"(International & Area Studies),由常务副校长兼教务长直接领导,作为加州大学伯克利分校的最高学术领导,这个任命保证了学校国际化与教学第一线的紧密结合,把国际交流的设想与计划及时与学校的整体教学整合在一起,同时,加州大学伯克利分校还从经费和人员上保证"国际与地区研究所深入",推进加州大学伯克利分校的国际交流。国际与地区研究所的中心职能包括教学、跨学科研究以及交流和服务,所有教员都来自各个院系,为国际交流提供了一个广阔的合作领域,各层次的教授对国际交流提供了源源不断的动力,同时产生了大量跨学科的成果。加州大学伯克利分校继续教育学院(University of California Berkeley Extension)是该校为扩展校园服务而成立的公共服务部门,为国内外的学生提供教育服务,促进学校的国际化进程。

在学生课外活动方面,浙江大学设置了第二课堂,让学生在课堂内容之外,运用各种形式的活动体验,进行开放式思维的培养与训练。加州大学伯克利分校在学生课外活动方面,也专门成立了公共服务中心,让学生把有意识的思考和实践进行结合。两者一个重要的不同之处在于,加州大学伯克利分校特别注重"服务"的概念,让学生把学校、社会、社区和自身联系起来,在为他人提供服务、为社会做贡献的同时,把服务和领导体验结合起来,进行积极的思考,提升自身的领导能力。此外,学生领导力项目是加州大学伯克利分校为提升学生领导力所推行的专门项目,由加州大学伯克利分校领导中心负责,在学生探索领导力和社会变革的学习体验过程中给予指导。领导中心每年组织领导力计划项目供学生选择,培养学生独特的领导风格。

领导力项目对学生开放式领导力的提升具有非常直接的影响力,其对"服务"意识的强调,让学生具备作为领导的伦理道德,这一块内容是国内高校在学生领导力培养过程中比较缺失的。

同为优秀的创新型大学,浙江大学和加州大学伯克利分校对人才培养的重视程度体现在其整个人才培养方案当中,都投入了大量的资源以期取得较好的人才培养效益,在目标理念和培养方案等方面有着极大的相似性。但是,由于两校在历史渊源、宏观环境、经济基础、文化背景、意识形态等各方面所存在的差异性,其具体的大学生开放式领导力培养实践还是存在着各自的特点。基于第四章在数据分析基础上调整的大学生开放式领导力影响因素模型的各个要素，浙江大学和加州大学伯克利分校的大学生开放式领导力开发实践参见图 5 - 2。

浙江大学	要素	加州大学伯克利分校
具有国际视野的未来领导者	目标理念	教学中心：鼓励教学优化和创新，给教师提供支持，评价教学成果，以及协调其他与教学相关的项目和活动
通识课程、大类课程、专业课程"三位一体"	课程体系	研究能力和实践能力的结合
	教学方式	主动学习——高阶思维能力的训练：以问题为导向的学习、团队学习、讨论学习
荣誉学院的精英化培养	特色培养	
作为必修课的第二课堂：各种形式的活动体验，进行开放式思维的培养与训练	课外活动	公共服务中心——让学生把有意识的思考和实践结合起来，运用各种形式的活动体验，进行开放式思维的培养与训练
人才培养全球化战略：国外师资引进、国际学术会议参与、国外合作项目研究、学生国际交流项目	国际化培养	国际与地区研究所、继续教育学院的设立：把国际交流的设想与计划及时与学校的整体教学整合在一起，为国内外的学生提供教育服务，促进学校的国际化进程
	学生领导力机构和项目	领导中心：与各类组织协同合作，提供提升领导力的各种项目和途径，并给所有伯克利学生提供综合性的建议

图 5 - 2　浙江大学和加州大学伯克利分校大学生开放式领导力培养实践总结

　　本章从前面建立的大学生开放式领导力影响因素模型出发，分析梳理了实际案例高校在人才培养过程中对学生开放式领导力培养和提升的举措和成效。主要从目标理念、培养方案、课外活动、国际化培养等方面出发，考察了两所高校大学生开放式领导力开发与提升机制的组织与实施。基于不同高校在具体的大学生开放式领导力培养实践和操作上的独特性，本研究所设计的大学生开放式领导力影响因素模型只是一种理想的模型状态，不同的高校在特定的历史背景、空间环境、社会经济环境下，需要对其中某个或者某些要素进行调整，根据高校的实际情况，增加或者删减。

第六章　对策建议

第一节　大学生开放式领导力开发机制

通过第二章和第三章对影响大学生开放式领导力因素的文献研究以及案例分析,第四章对大学生开放式领导力影响因素的验证分析,以及第五章运用前文得出并调整的大学生开放式领导力影响因素模型,对浙江大学和加州大学伯克利分校的案例实践分析,本书归纳识别了大学生开放式领导力培养与开发的关键影响因素,即高校可以通过分析校内外的环境、整合利用校内外的各种资源,用开放式的人才培养理念制定相应的人才培养目标和战略,通过课程体系、培养途径、教学形式和学生参与反馈等整个培养方案的制订、实施、改革与创新来设计制订大学生开放式领导力开发的机制与路径,综合培养提升大学生开放式的领导力。

基于文献综述的领导理论、领导力培养理论、开放式理论、能力开发等理论,结合国外高校大学生开放式领导力开发的案例实践,本书提出了大学生开放式领导力开发的影响因素,包括目标理念、课程体系、培养途径、教学形式、师资水平、与学校外部的互动、学生参与反馈、宏观环境等,在此基础之上,本章提出了大学生开放式领导力开发机制。

　　大学生开放式领导力开发机制是指高校协调大学生领导力的各个影响因素,整合各类资源发挥作用产生合力来共同培养和提升大学生领导力的一种有机的机制。这些影响因素既来自高校内部,也来自高校外部,是涵盖组织内外部的开放式的创新机制。开放式创新强调外部知识源对创新的重要性,它不同于传统的强调纵向一体化、内部严格控制的封闭式创新模式,不同于以技术引进为主的模仿创新,不同于一般的合作创新,而是指从外部搜寻、获取和利用创新资源,通过双赢的协同合作、内外创新资源的整合实现创新,使投入获得最大的价值。(陈钰芬,2008)

　　作为衡量国家经济发展的要素之一,高等教育的发展状况是政府、企业、研究机构以及整个社会关注的焦点,面临着各方面的压力和挑战,需要有创新性和开放性的革新来应对压力和接受挑战,提高人才培养的产出。人才培养目标理念是高等院校的灵魂,根据宏观的教育环境,运用创新性、开放性的教育理念对人才培养模式进行设计和变革。作为知识传授和创新创造培养的主体,高校承担着在瞬息万变的国际形势和技术进步的挑战中,培养和输送新一代领导人的任务,这些所培养的领导人需要有能力在企业组织、国家、地区以至国际等层面的各层次事务中,用开放性的理念进行领导职能的行使并积极地推进变革。这类人才的能力是综合的,其定义被不断地拓展,是一种开放式的领导力,并被认为是一种促进积极有效的社会变革的合作过程,是任何人都需要并且能够养成的能力。(McCauley & Velsor,2004)

　　大学生开放式领导力是一种综合能力,开放式理念是其主要的理论依据,在高校进行大学生开放式领导力实践过程中起指导性的作用。本书提出的大学生开放式领导力开发机制,主要包括两个方面:一方面,社会向着纵深发展的过程中,开放性的环境对于领导力内涵提出了开放式要求,需要大学本科生在毕业时所具备的使其获得在职业发展过程中体现其领导能力的知识、技能和态度。因此,大学生开放式领导力开发机制要求高等院校通过系统的培养,使大学生具备开放式领导能力的知识、技能和态度。

　　另一方面,通过对国内外高校人才培养体系的考察,以及对其开发大学生开放领导力的实践研究,本书提出的大学生开放式领导力的结构要素包括专业知识和技能、通用技能、个人特质和开放式洞察力,这些结构要素是高校构建大学生开放式领导力开发机制的基础。而目标理念、课程体系、培养途径、教学形式、师资水平、与学校外部的互动、学生参与反馈、宏观环境等,则是高等院校影响大学生开放式领导力结构四个要素的各个影响因素。

　　大学生开放式领导力开发机制对高等院校提出了三个层面的要求,即个人层面、组织内部层面以及组织外部层面。个人层面的开放式领导力影响因素,关注的主要是大学生从个人的角度出发进行领导力开发,包括自己的领导意识、学习能力和信息获取能力,培养自己解决冲突的能力等;组织内部层面的开放式领导力影响因素,是高等院校针对培养大学生开放式领导力采取的举措,包括学科专业的设置调整,专业培养方案的更新,领导力课程以及适合个性发展的课程开设,发挥学生的领导力潜能等。组织外部层面的开放式领导力影响因素,具体分为两个层次,一个是高校外部利益相关者对大学生开放式领导力开发培养的正面支持,另一个是宏观层次的影响因素。前者包括产业界与高校合作,提供给学生在企业的实习机会,大学生到国内外其他高校进行课程、科研学习等机会,甚至业界和其他高校跟学生所在高校共同制订学生的培养方案等;后者作为宏观层次的影响因素,主要指政府支持或者参与大学生开放式领导力开发的过程,包括通过政策法规鼓励高校开展并实施学生开放式领导力的培养计划,以政府奖学金等形式为具有领导潜能的学生提供出国交流等机会。

　　事实上,无论是学生个人层面的影响因素,还是高校内部或者外部的影响因素,上述三个层面都可以通过高等院校组织建立各种机制得到实现或部分实现。无论是基于学生个人、高校本身,还是利益相关者或者国家宏观政策环境,高校都是培养学生开放式领导力的核心主体所在。这四个主体,以高校为核心,在一种有效的运行机制基础之上,通过各种途径对大学生开放式领导力进行开发,而政府和企业等利益相关者对此进行积极的参与,由此,才有可能达到高校、大学生、企业等其他利益相关者以及政府的共赢。

　　基于以上分析,本书对大学生开放式领导力开发机制的研究集中在基于组织层次的视角之上,亦即以高校为核心主体的层次之上。因此,本书大学生开放式领导力的开发机制研究就是研究大学如何进行大学本科生的开放式领导力的开发,通过能力开发途径的改革与创新来进行人力资源、人才领导力的开发,这是高校进行人才培养的一个重要目标,提高大学生综合能力,为瞬息万变的世界以及面临着快速变革的组织提供优秀的领导型人才,进而提升人才培养的质量以至高等教育的质量。

　　本研究以大学生为领导力开发培养的主体,以一个开放式的全新视角建立了一个大学生开放式领导力开发提升的模型机制。参见图6-1。

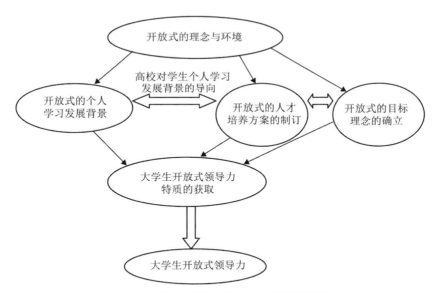

图6-1　大学生开放式领导力开发机制流程图

　　首先,高校通过推进开放式创新确立开放式的人才培养目标理念,从国家层面、组织层面、社会机构层面以及学生个人层面的需求出发,结合理论学习和实践体验,把开放式领导力培养作为学生能力培养的核心,同时根据效果评价的情况,及时对培养体系进行调整。

其次,高校通过推进开放式创新制订开放式的人才培养方案。培养方案的制订涉及整个培养体系的确立,包括以开放式领导力开发为导向的课程体系的建立,以开放式领导力提升为目标的培养机构的设立,良好的开放式领导力开发的师资配备,以领导力实践培养为主题的课外实践活动的设立,以及以开放式视野培养为主题的国际交流的开展。

第三,高校通过课堂教学、课外实践教学,多种形式的培养途径,培养大学生的开放式领导力特质。在考察教师职业经历、教学水平等基础上,优选各种来源的师资,通过跨学科的协调,促进学生综合能力的提升。把课堂内外的教学与引导融入到整个本科生培养的过程环节当中。

最后,鉴于开放式领导力培养的过程性和连续性,个人学习发展背景对学校培养学生开放式领导力起着相当的作用,高校可以根据开放式领导力培养的总体目标,考察学生的个人情况,制订相应的领导力培养策略,然后对大学生开放式领导力开发的路径及机制进行调整优化。

第二节　高校制定大学生开放式领导力开发机制的路径

高校进行大学生开放式领导力开发机制的创新是应对来自各方压力和挑战的重要途径。

高校进行开放式领导力开发也被称为领导力教育,在这里,领导力是主题,但是,领导力教育是一种复杂的跨学科、跨领域的教育,涉及管理学、政治学、教育学、心理学等。用开放式创新的理论进行领导力的开发是结合高校组织内部和外部的创新资源,相互补充,形成一种全新的目标创新、管理创新和制度创新等开放式的领导力开发机制。这是一项相对复杂的系统工程,高校需要确定人才培养的目标理念,从各专业的就业需求和科研人才需求出发,进行课程体系、培养途径、教学形式的确定,并配备相应的师资,充分利用学校外部的资源,为学生提供充分的外部教育资源供其选择,提供充分的外部实践活动供其参与,从学生所显现的开放式领导力特质对培养机制进行评价并及时作出调整,以此作为开发和提升大学生的开放式领导力的路径。

在进行大学生开放式领导力开发机制的确定过程中,高校需要协调整个培养机制的各个要素,考虑组织内外部教育资源的整合,协调学校内部组织职责与权力,用开放式的理念对管理体系和管理机制进行创新性革新。大学生开放式领导力机制可从以下三个方面出发进行研究和制定。

第一是开放式的人才培养目标理念。开放式的目标理念是从内部和外部的需求出发所确定的,内部的需求指的是学生的需求,学生需要享受到高校提供的服务,包括课堂教学、科研指导、实践锻炼、生活服务等方面,使其具备获得职业和职业发展的能力。(陈勇,2012)外部的需求指的是企业、社会、国家等各个层次对人才的需求。从整体考察,大学生具备获得职业和职业发展的能力,也是为了满足各级职位岗位对人才的需求,因此,高校协调确立开放式领导力开发机制,用以满足各方需求。早在1989年,联合国教科文组织在北京召开了"面向21世纪教育国际研讨会",并提出"21世纪最成功的劳动者将是全面发展的人,将是对新思想和新机遇最开放的人"。美国当代著名教育家Earnest L. Boyer在他的专著《学院——美国本科生教育的经验》一书中指出:"本科生教育的最高目的是促进学生从具有能力到承担责任","今天大学教育最成功之处是培养能力"。(郑禹,2008)第四章提取的目标理念公因子即对应于开放式的人才培养目标理念这个层面。

第二是开放式的人才培养方案。开放式的目标理念为开放式的人才培养方案指明了方向,是培养方案各个要素之间协调整合产生合力的前提条件。开放式的人才培养方案主要依据人才培养的目标理念设计制定相应的课程体系,确定培养途径和教学形式,配备优质的师资力量,在充分利用学校内部资源的基础上,提供多种优质校外资源供学生选择参与,以开放式的培养模式开发和提升学生的综合领导能力。第四章提取的培养方案、外部教育资源的可获性以及课外实践活动的可参与性共同对应于开放式的人才培养方案这个层面。

第三是大学生开放式领导力特质。开放式的领导力培养旨在培养具有开放式领导力特质的人才。根据郑禹（2008）在《大学生能力体系研究》中的论述,高校构建以能力为主线的人才培养体系,主要由基础能力、发展能力和应用能力三方面构成。根据上文开放式领导力影响因素的初始模型以及验证性案例中提取的公因子,学生个人维度层面包含了学习应用能力、大学生开放式的领导力特质以及个人学习发展背景三个公因子。学习应用能力这个公因子对应于基础能力,大学生开放式的领导力特质这个公因子涵盖了发展能力和应用能力。这些能力是构建大学生综合能力体系的关键要素,相互影响、相互渗透、相互补充、相互促进,在相互作用之中共同形成大学生开放式的领导力体系。第四章提取的学习应用能力、大学生开放式的领导力特质和个人学习发展背景共同对应于大学生开放式领导力特质这个层面。

第三节　高校制定实施大学生开放式领导力开发机制的举措

基于前文所述,大学生领导力是一种涵盖非常广的综合能力,包含了学习应用能力、交流沟通能力、协同合作能力、管理实践能力、创新创业能力以及道德能力,等等,这些能力共同构成了大学生领导力的能力体系。本研究加入了开放式创新理论,提出的大学生开放式领导力,结合了高校组织内部和外部两方面的要素。对大学生开放式领导力的开发是一项复杂的系统工程,涉及高校内部各部门之间的协调,也涉及高校外部各相关部门的合作,还有高校对外部资源的利用以及外部对高校人才培养的反馈等,共同对大学生在校期间的培养进行投入和把控。

（一）推进开放式创新，确立开放式的人才培养目标理念

有研究人员考察了美国大学生领导力培养项目后指出，美国的大学生领导力培养目标的本质就是培养新型公民领导，而所谓新型公民领导可以从知识、行为和价值观三个维度把握，其五大特征分别为全球视野、多元文化意识、社会责任感、变革使命感以及伦理。（杨玉刚等，2012）这些特征当中，全球视野和多元文化意识被列为前两位。

对于企业来说，要维持竞争优势，必须要持续地开展创新活动，而高度复杂的创新常常跨越多个科技领域，需要整合各种来源的知识进行快速和持续的新产品开发（Chung & Kim，2003），任何技术力量雄厚的企业都无法从其内部创造出技术创新需要的所有知识，不可能拥有创新所需的全部资源和技术（Caloghirou，et al.，2004），因此，在创新过程中从与外部组织的互动中获取新的科学和技术知识尤其重要（Mowery，et al.，1996），企业创新与发展需要更多地关注企业的外部环境及资源的整合，外部知识源是促进创新成功的关键要素（Cohen & Levinthal，1990）。对于高校而言，在经济和社会的新形势下，在国际化进程的深入过程中，人才培养不再停留在过去意义上的封闭式培养。传统的人才培养一般都由高校在内部自行组织，从培养目标出发，进行课程的设置、培养途径的确立、教师的配备等。传统意义上的高等教育目标主要强调的是学生学习能力、认知能力、知识技能和情感能力的培养，这也是一种综合素质的培养，但是，从开放式的视角来看，仅仅把培养的目标停留在学生本身，是一种封闭的培养理念。

一方面，根据学生专业的不同，高校需要设计符合专业特点的初步的人才培养体系。美国普渡大学计算机科学专业从本专业的具体情况出发，通过制订自己的培养目标，对计算机专业人才进行了划分，区分于其他 4 个计算机相关专业，每个专业都有自己明确的定位，以便更为专业、合理地进行培养体系的设立和课程的设置。（王莉莉，2012）

另一方面,随着高校与社会、经济的进一步融合,运用开放式创新的理念设计确定人才培养模式,培养具有创新能力、创造能力和领导能力的人才,是高校作为知识传授和创新创造主体的关键任务。开放式的培养理念是开放式领导人才培养体系成功的关键与源泉。高校的开放式培养理念应该包括:

第一,以需求为导向。需求包括四个层次:国家、组织、社会机构以及个人。归根到底,高校的中心任务就是为社会输送优秀的人才,高校需要了解国家和组织的需求,根据国家发展战略和组织内部的需要,根据社会对各类人才、各种能力的需求,确定人才培养的目标。这类信息来源可以是国家的最新立法、改革动向,组织内部的变化,以及通过对相关人群的意见征询等。高校需要考察这种需求并及时作出有效反应,对人才培养的内容和途径方式进行调整,使之更加符合对领导能力的个性化需求。

第二,以开放式领导能力培养为核心,强调人才培养的重点和目的在于提高学生的具体实际工作能力,在工作岗位上学以致用,用理论指导实践,并从实践中提炼理论知识。在这个环节,需要把培养目标和学生的个人需求很好地结合起来,在一定程度上让学生自主选择课程和相应的实践活动,以用开放式的理念提高学生的主动性。教学方法因人而异,灵活变通,通过与学校和组织内部其他人员的交流和研讨,促进各类学生对实际问题及其难点的认识以及解决途径的探索,提高团队协作能力、任务执行能力和组织内部开放式的领导能力。

第三,以学习和实践的紧密结合作为主要的培养手段,所培养的学生必须运用所学理论和知识进行实习、考察和实践,进行参与式的学习。师资配备是这个环节的关键所在,其来源可以有三种:一是高校内部的教师和学者,他们有着系统的理论知识,在教学经验和授课技巧方面的专业性较高。二是客座教授,可以是其他高校的教授学者、社会知名人士、政府部门的行政官员,等等,他们往往具备一些专长以及研究优势,且更能理论联系实际。三是企业和公司的经营者,他们可以为所培养的人才提供第一线的实际场景,以及实际的工作处理经验,也可以让学生及时了解情况,并跟公司或者企业建立一定的联系,便于走上实际岗位后能胜任工作。如果说课堂教学法以知识传输和系统讲解为主,那么实地考察、个案研究、场景模拟等方法则是更为偏重实际的方法。把学习和实践进行紧密结合,高校还可以通过跨岗位、跨机构的方式,建立提供专业知识、技能与咨询意见的网络。

第四,关注人才培养的效果评价,人才培养的绩效需要考察学生的培养反馈,学生在工作中对于所学情况的实际应用,学生本身和用人单位对培养内容、培养方式和培养途径的反馈,是高校衡量人才培养工作的重要指标和改进依据。

(二) 推进开放式创新,制订开放式的人才培养方案

目标理念是人才培养的指引,以开放式人才培养为导向制订开放式的人才培养方案,是实现开放式领导力人才培养的保证。培养方案涵盖了课程体系、培养途径、教学形式、师资水平、外部教育资源的利用、外部实践资源的利用等各个环节,以开放式领导力开发为导向,进行课程体系的构建、培养途径的确立,形成一整套的培养方案。

1. 建立以开放式领导力开发为导向的课程体系

课程体系是确定教学内容和实施教学过程的结合,这是实施教学计划以实现人才培养目标的重要手段,其核心内容包括课程设置、课程目标、课程结构、课程管理、课程评价等,这里的课程设置指的是人才培养体系中某个专业的核心课程、相应的大类课程、可选的通识课程、个性课程、领导力课程以及第二课堂的课程内容等。以开放式领导力开发为导向的课程体系,既包括理论课程,又包括实践课程,把领导力课程合理地纳入整个课程体系。

课程设置需要考虑的两个主要因素是学生的发展和社会的需要,与国内高校长期以来注重的知识积累和记忆以及学科知识的系统性和完整性不同,开放式人才培养需要关注的是学生的能力体系,使培养的人才既具有理论素

养和学习能力,又具有创新实践能力和领导能力。早在 20 世纪 70 年代,美国学者 Conrad(1978)就概括了围绕能力培养进行课程体系设计的 3 个关键要素:一是明确阐述具有可操作性和可评价性的能力培养目标及要求;二是对于目标中的每一项能力,确定能够帮助学生达到要求的相应课程和教学环节,以此构建课程体系;三是给出评价这些能力达到某种程度的标准和评价过程。针对这三个关键要素,高校需要考虑的是,所培养的人才需要具备什么样的能力,这些能力需要由哪些课程来培养,如何对学生的能力进行评价进而对评价课程根据具体情况进行调整。

Diamond(1998)提出了一个围绕能力进行课程体系设计的框架,用表格的形式将能力培养的目标分解、落实到具体的课程上。开放式领导力的培养目标,就需要通过顶层设计的方法,将能力培养的目标细化并分解,这是一个综合的过程,需要集合多方的智慧,包括授课教师、管理部门、用人单位以及利益相关的机构,也需要考虑学生的个人需求。这个过程不仅可以使教师清醒地认识到自己讲授的课程并非是一个知识的"独立王国",而是整个课程体系中的一个部分或环节,而且还可以使教师明确所授课程在培养学生能力中的地位和作用。(巩建闵,萧蓓蕾,2011)

2. 设立以开放式领导力提升为目标的培养机构

领导力培养机构的设立,是大学生开放式领导力培养成效的有力保证。根据上文对加州大学伯克利分校的考察,加州大学伯克利分校针对学生的领导力培养成立了领导中心,用专门的组织机构对领导力培养的目标进行分工协作,与各类校内外的组织协同合作。当前我国绝大部分高校的领导力教育都处于起始阶段,甚至相当一部分高校只感受到了社会、企业和学生对领导力的需求,基本上没有一个专门的职能部门承担领导力培养的任务。高校的教学部门、学生工作部门,以及教研科室一般都只是在日常工作的基础上,对领导力的培养做些考虑。因此,需要调整组织结构,确定并协调组织内部的各种关系,根据本科生各个阶段培养特征,设立专门的领导力培养机构。

领导力培养机构的负责领导需要对教学非常熟悉,并具备较高的管理水平以及丰富的领导实践经验,能够与校内各行政部门以及各院系进行协调和促进,与校外各类组织机构进行沟通和资源利用配置,认真研究大学生领导力培养过程中的课程、师资、实践等总体规划问题。同时,领导力培养机构需要与国内外其他高校领导力培养的组织和机构积极沟通,在此基础上,借鉴国外大学的项目实践,设立制度化的领导力项目,开展制度化的领导力教育。

领导力培训机构的主要职责包括:一是对高校领导力教育的目标理念、课程设置、师资配备等进行总体的规划;二是加强并促使各院系对本科生开展领导力教育,进行学校与院系之间、院系与院系之间的协调,以期取得跨学科的成效;三是组织实施院系开发的具有本专业特色的领导力课程体系;四是联系校外机构及部门,为学生开设相关的课程和讲座;五是组织领导力项目研讨,对领导力开发过程中的教学效果进行有效评估。

3. 配备良好的开放式领导力开发师资

国外高校的领导力教育师资来源十分广泛,除了本校教师、行政领导人员以外,还包括来自企业界、政府部门、社区等的杰出人士,以及兼职的在校大学生,其专业范围涉及教育学、领导学、商学、医药学等文理工农医各个领域。个人的素质、知识、教育和技能等因素是能力发展的重要基础,其中,知识是能力形成的理论基础,技能是能力形成的实践基础。(苏东水,2002)就国内高校本科生开放式领导力培养开发过程而言,专业领导力教师的知识教育,工商业界、政府部门的领导实践教育,接受过领导力教育的在校大学生的影响,都是领导力技能形成的重要环节。

高校内部经验丰富、理论知识渊博的教学与研究工作者,为本科生提供扎实的领导知识理论基础,而校内外党政领导人员和杰出人士的聘请,则为本科生开放式领导力的提升提供实践的体验。

4. 设立以领导力实践培养为主题的课外实践活动

课外实践活动是高校课堂教学以外的另一个重要维度,通过课外活动渗透大学生领导力教育是国外许多著名高校由来已久的做法。如耶鲁大学不设立专门的领导力教育项目,但却非常鼓励学生参与课外活动。课外活动小组去培养未来领导人素质的实验室,在专业教师及人员的指导下,在特定的实践情境中,采取跟不同的领导情境相匹配的领导行为,从而在实践过程中提升领导能力。浙江大学针对课外活动专门设置了第二课堂,要求本科生在校期间在完成教学计划内的必修、选修和实践教学环节以外,还必须通过参加学校批准认定设立的第二课堂活动项目,获得第二课堂学分课程的成绩计入学生学业档案。通过确立第二课堂项目的目标,学校可以进一步拓展和整合课内外实践教学环节,为学生自主化、研究化、高效化、国际化学习和个性发展提供更为广阔的空间。

加强实习实践基地建设是本科生领导综合能力提升的重要途径之一,企业、社会机构等是培养大学生实践能力的极好平台。与企业等校外机构建立长期合作关系,建立稳定的实践基地,学校可以从校级层面和院系级层面同时着手,制订实践教学方案,完善实践教学体系。

5. 加强提升开放式视野的国际交流

国际化是国际间联系日益紧密和信息技术不断发展过程中的一个必然结果,大学生将来必然在一个全球化的环境里开展与他人的合作与竞争,在各种文化冲突和价值冲突中,国际视野、国际竞争力以及对多元文化的包容等技能成为必备的领导力素质。

国际交流在这些素质的培养开发中起着至关重要的作用。从组织理论的角度看,组织的外部环境也包括与其竞争或合作的各类组织。(陈勇,2012)国际交流的形式多样,包括校际、院际层面的交流生互派,实习科研项目的派遣,国际学生会议的组织和参与,学生的国际合作培养,围绕某一主题的研究考察,艺术团体和体育团体的互访等。高校组织学生参加各种形式的国际交流,有助于极大地提高学生的国际化视野和跨文化理解力,培养出具有宽阔胸怀和全球化意识的开放式领导人才。

（三）推进开放式创新，获取大学生开放式领导力特质

开放式领导力特质是在全球化的挑战中，未来的领导人学习如何在开放式的环境中进行工作，并且用全球化的理念思考问题与对策的关键要素。开放式的领导力要求领导者具备国际化的视野、包揽全球的胸怀，以及跨学科的人文精神。高校通过推进开放式创新来培养大学生未来岗位的胜任能力。

在领导力开发的开放性特质日益显现、全球化的国际背景下，从国家、社会、学校以及个人等各个层面出发，对大学生开放式领导力特质的培养与提升有着特殊的意义。国家需要培养具有诚信、正直品质的未来接班人和领导者，社会和企业需要有助于更好地实现组织目标的有效领导，学校需要培养具有更强就业能力和竞争力的人才，而对学生个人而言，通过领导力的培养，可以让他们更有效地适应社会，融入社会。

大学生的开放式领导力是一种影响力，而非权力，这是为了实现组织目标而影响他人的能力，需要学生学会运用团队的力量完成工作任务。在科技与信息化急剧发展的背景下，工作小组、项目团队、科研团队等以团队的形式开展工作，成为组织普遍运用的工作方式。具备开放式领导力特质的领导者，无论在企业、政府部门还是科研机构，都需要在考察大环境和政策法规的基础上，进行领导性工作的组织策划，与团队成员一起协同合作，协调沟通，把理论知识有效地付诸实践。

跟领导力发展一样，开放式领导力特质的培养，也是一个持续的过程，与许多其他环节都相关联，学校在学生领导力特质强化过程中，要运用开放式创新理论，处理好几个关系：一是学科理论知识教学和领导力知识教学的关系。把领导力课程融入原有的课程结构和课堂教学当中，更好地体现领导力的实践特性，获取理论知识的实际训练情境了解。二是课堂教学和课外活动教学的关系。课外活动教学是课堂教学的有力支撑，从实践中培养发展学生

的领导综合素质和能力。学生在课堂教学中获取领导学的基本理论,把这些领导学理论用以指导课外的实践活动。三是各种教学方式之间的关系。多样化的教学方式是取得较好教学效果的有力保证,在传统的授课方式基础上,设立具体情境、围绕问题,引导学生在情境当中去体验和发现问题的解决方案,促使学生主动思考,自主判断,作出方案选择。

(四)培育大学生开放式领导力个人学习发展背景

根据美国约翰卡罗尔大学领导力发展研究中心的研究整理,学生领导力发展是一个连续的、有效的、相互关联的过程,是一个系统,而不是一次经历。(王芳,2012)因此,在大学生综合能力的培养与开发过程当中,学生从小所处的家庭环境扮演着重要的角色。教育家苏霍姆林斯基把家庭环境比作树木的根须,供养着学校教育这棵大树的树干和树叶,学校的教育成果建立在良好的家庭道德基础之上。(刘红梅,2008)虽然家庭环境提供的家庭教育没有学校教育的系统性,但家庭教育的优势在于它的长期性、深刻性和全面性。(杨宝忠,2003)

父母在对孩子习惯的养成、性格的陶冶以至人生观、价值观的树立产生的影响是潜移默化并且是终身的,父母的创新意识与培养目标以及对孩子领导力、创造力培养的重视程度,会影响孩子一生对于创新、创造和开放式领导的追求。从另一方面来说,家庭中的快乐气氛,可以让培养的孩子具有成就感和幸福感,家庭成员之间的关爱,家庭的民主氛围,家庭成员的文化品位和精神追求,都是家庭对孩子个人能力提升的支持,是培养孩子开放式综合能力的重要因素。

诸多事实证明,有利于学生个人学习发展的环境一般是一个健康和谐的家庭环境,如果说有一种最佳环境的存在,那么这种环境一定是一个注重全面素质培养、鼓励创新创造、允许犯错并在错误中成长的环境,这样的家庭环境极大地有利于培养家庭成员的创新精神和创造力,使他们具备从事高效领导活动开放式的领导力。作为高校,在进行本科生开放式领导力的开发与提升过程中,可以对学生的成长环境做一个了解,根据具体情况,进行领导力开发机制的实施,在整个体系的稳定基础之上,根据个体的差异进行推进策略的调整。

本章小结

在通过文献综述、案例考察、定量分析获取的大学生开放式领导力影响因素基础上,本章提出了大学生开放式领导力开发机制。

首先是高校通过推进开放式创新确立开放式的人才培养目标理念,从国家层面、组织层面、社会机构层面以及学生个人层面的需求出发,结合理论学习和实践体验,把开放式领导力培养作为学生能力培养的核心,同时根据效果评价的情况,及时对培养体系进行调整。

其次是高校通过推进开放式创新制订开放式的人才培养方案。培养方案的制订涉及整个培养体系的确立,包括以开放式领导力开发为导向的课程体系的建立,以开放式领导力提升为目标的培养机构的设立,良好的开放式领导力开发的师资配备,以领导力实践培养为主题的课外实践活动的设立以及以开放式视野培养为主题的国际交流的开展。

第三,高校通过课堂教学、课外实践教学等多种形式的培养途径,培养大学生的开放式领导力特质。在考察教师职业经历、教学水平等基础之上,优选各种来源的师资,通过跨学科的协调促进学生综合能力的提升。把课堂内外的教学与引导融入到整个本科生培养的过程环节当中。

最后,鉴于开放式领导力培养的过程性和连续性,个人学习发展背景在学校对学生开放式领导力的培养中起着相当大的作用,高校可以根据开放式领导力培养的总体目标,考察学生的个人情况,制定相应的领导力培养策略,然后对大学生开放式领导力开发的路径及机制进行调整优化。

第七章 总结展望

本章主要对以上本书所做的主要研究和得出的主要结论进行总结,阐明本研究对于高等教育领域所可能产生的影响,明确本研究的局限性并为本科生开放式领导力开发的未来研究指明方向。

传统意义上的领导力,一般被认为是简单、可以预测的,往往一个人就可以行使,并不复杂,但是,领导力作为一个社会概念,我们对于它的认识从个人视觉转化为多个层次的视觉,涉及领导者本身和组织成员。(Komives, et al.,1998;Faris & Outcalt,2001)这种改变同时反映了个人和周围环境关系的密切程度的改变,在一个越来越多样化的社会当中,人们之间越来越互相关联、互相依存,领导力早已是一种社会概念。

随着高校招生规模的发展,越来越多的年轻人中学毕业以后进入了高校接受高等教育,领导力开发与提升的理念也随之发生根本性的变化。高校是培养未来领导者的摇篮,当前,无论是企事业单位、社会机构,还是政府部门,绝大多数领导人都是从高校走出来的,学生的领导力培养既是高校的目标,也是高等教育的责任和义务。

(一) 主要结论

本书从国家、组织机构、学校和个人对领导力的需求出发,以大学生开放式领导力开发机制为研究主题,在对领导理论回顾的基础上,通过对已有文献的述评、理论演绎、案例研究、问卷调查和数据分析等定性、定量的分析方法,对高校大学生开放式领导力开发机制这一主题做了深入的分析,建立并验证了大学生开放式领导力影响因素模型,并为高校大学生开放式领导力开发机制的建立提出了建议。

针对大学生开放式领导力开发机制研究,本书提出了三个关键问题:什么是大学生开放式领导力,大学生开放式领导力有哪些构成要素?大学生开放式领导力的影响因素有哪些,分别影响哪些构成要素?高校应如何实施大学生开放式领导力的开发,需要如何推进大学生开放式领导力的实践?围绕这三个关键问题,本书在文献梳理、国外高校大学生领导力提升实践的案例研究的基础上构建了大学生开放式领导力影响因素模型,通过问卷调查和定量分析,对大学生开放式领导力影响因素模型进行了验证并作出了调整,在此基础上,提出了高校大学生开放式领导力开发的路径和机制,并对高校进行大学生开放式领导力开发和提升的具体组织和实施提出了建议。

首先,对大学生开放式领导力概念的理解。社会变革的纵深发展和环境开放性的进一步显现,对领导力的内涵提出了开放性的要求,本书提出的大学生开放式领导力,是基于领导力概念和开放式创新理论基础之上的一种全新的领导力概念。这种大学生开放式领导力的开发,是高校在培养大学生领导能力的过程中,同时利用高校内部和外部资源,以及内外部相互结合、相互补充的资源实现人才培养的目标,这是宽专交人才培养模式的深化,其培养的人才具有广阔的视野、扎实的理论知识基础,以及特别善于应用专业知识解决现实问题的综合能力。

其次,大学生开放式领导力的四个构成要素包括:专业知识和技能要素、通用技能要素、个人特质要素以及开放式洞察力要素。专业知识和技能要素指的是跟大学生学历相称的、符合社会需求的专业知识技能,对于专业知识和专业技能的较好掌握与运用,以及在此基础上的知识管理和知识创新,这是大学生对信息进行有效识别、获取以及应用的能力基础。通用技能要素指的是领导者理解社会多样性和复杂性的能力，能够运用各种综合能力，从开放式的视角寻求问题的有效解决方法的技能。通用技能的培养让学生具有严密的逻辑思维和独立思考的能力，善于与人沟通，以富有成效的精神追求卓越，以最大限度地发挥自己和他人的潜能。个人特质要素指的是一个人的个人属性和长期品质，包括开放的心态、良好的沟通能力，在复杂多样的社会情境下认识问题、理解问题、分析问题的能力，以及自我意识和控制情绪、与人相处并尊重他人的能力。开放式洞察力要素是以上三个要素的一个综合，在具备专业知识和技能要素、通用技能要素和个人特质要素的基础上，开放式洞察力技能是一个综合的能力反映，人才的国际化培养是使其具备全球化视野的一个重要构成。

第三，基于国内外能力开发理论和领导力培养相关理论，结合国外高校大学生开放式领导力开发的实践总结，本书概括了大学生开放式领导力开发的关键影响因素，包括目标理念、课程体系、培养途径、教学形式、师资水平、与学校外部的互动、学生参与反馈、宏观环境等八个影响因素，并建立了大学生开放式领导力的初始模型。以浙江大学为验证案例，本书从学校内部、学校外部和学生个人三个层面对大学生开放式领导力影响因素模型进行了实证分析，从验证的角度对通过理论研究和案例分析得出的大学生开放式领导力影响因素进行了考量。

在对调查回收的 239 份有效问卷收集到的数据进行定量分析、对大学生开放式领导力的影响因素进行因子分析后，本书根据验证性案例分析结果，对初始模型中的影响因素进行了调整，从学校内部、学校外部和学生个人三个维度提取了目标理念、培养方案、外部教育资源的可获性、课外实践活动的可参与性、学习应用能力、大学生开放式的领导力特质、个人学习发展背景等七个公因子，共同对前文提出的专业知识和技能、通用技能、个人特质和开放式洞察力四个方面的技能产生直接或者间接的影响，并进而对大学生开放式领导力的开发和提升产生作用。

第四,在修正后的大学生开放式领导力影响因素模型的基础上,本书选取了浙江大学和加州大学伯克利分校两所高校作为大学生开放式领导力的实践案例进行研究,这两所院校作为国内外优秀院校的代表,在培养大学生开放式领导力的进程中走在前列。本书从开放式领导力开发与提升出发,从目标理念、课程设置、国际化进程、课外活动以及领导力项目等各个方面,对两所高校的领导力开发提升实践进行了梳理。

第五,根据文献追溯、案例分析以及实证案例的研究,本书提出了大学生开放式领导力的开发机制,这是一个动态的开发路径,即用开放式的人才培养理念制订相应的人才培养目标和培养方案,提供充足的外部教育资源、课外实践活动资源,利用学生个人学习发展背景,考虑学生的个人成长环境进行具体培养方案和策略的制订、实施、改革与创新,综合培养提升大学生开放式的领导力。

本研究主要考察的是大学本科生开放式领导力的培养模式,高校的哪些因素能够促进大学生领导才能和兴趣的提升和发展,从一个更广的角度来研究本科生领导力的培养,使得判定大学教育的哪些因素可以促进学生领导力发展成为可能。大学生开放式领导力培养研究的必要性体现在很多方面,在可以预见的未来,培养未来领导者将一直是高等教育的一个中心任务,对于如何促进大学生领导力提升的信息是亟需的。而随着社会各个层面对于具有领导才能毕业生的需求持续升温,更显示出了这方面领导力培养的重要性和紧迫性。对于高校而言,如果有一个明确的概念,明白校园经历如何能更好地影响本科生领导力培养,那么,我们的高等教育就可以为社会提供更好的人才。

本研究的发现主要涉及学生能力的培养研究和领导力开发的理论,研究和理论是相辅相成的。通过进一步了解发展过程,研究发现可以推动理论发展,领导力培养的研究可以让研究人员和从业人员了解大学教育如何促进学生的领导才能发展。研究结论可以被用来建立一个关于领导力培养过程的描述性模型,让教育工作者有一个明确的导向。虽然由于领导力本身的复杂性,很难找到某一种具体的方法培养领导力,或者找到一类具体的学生把他们培养成出色的领导者,但是,本研究探索了促进本科生领导力发展与提升的一些方法、措施与经历。本研究将对大学生开放式领导力培养模型的构建及高校领导人才培养机制的提升具有一定的理论意义和现实意义。

(二)研究的局限性和未来的研究方向

对任何一个研究来说,考虑未来研究方向之前,都有必要审视其研究的局限性。本研究采用了多种方法对本科生开放式领导力的培养模式以及影响因素进行分析,但是在研究样本的选取上,其普遍性还可以进一步提高。验证样本选取在国内首批进入"211"的浙江大学理工科的学生,样本来源比较单一。在未来的研究中,可以更多地扩大样本,把涵盖范围扩展到其他高校,把更多院校和专业纳入研究的范围,提高研究结果的普适性。

本研究定义的领导力是一个理念和行为的结合体,提出了开放式领导力的概念,但是对开放式培养的程度、各个影响因素的所占比重,以及对领导力行为产生影响的因素数量还可以得到扩充,可以包括在学生组织内部产生的一些具体领导力行为。领导力活动的一些具体信息能够让没有在领导职位上的学生的领导力得到显现,这些学生可以让我们从非层级的角度更好地理解领导力的培养。

作为一个开放的综合过程,大学生开放式领导力的研究是一个动态的、复杂的问题,可以从教育学、领导学的角度加以研究,也可以从管理学和心理学的角度加以研究,处于不同国情、不同政策环境当中的高校有着不同的实施条件,因此,根据基础理论框架建立并调整后的大学生开放式领导力影响模型,不可能适用于所有高校,每所高校都需要根据自己的具体情况在基础模型的基础上作出一定的调整。

未来的研究可以从以下两方面深入:

1.本研究提出了开放式领导力的概念,可以进一步考察开放式培养的程度以及各个影响因素的所占比重,以测得各影响因素对大学生开放式领导力产生作用的强弱。

2.本研究实证分析的基础主要建立在浙江大学这一所高校的领导人才培育项目及其对象之上,但是,不同专业、不同学科、不同类型高校的本科生领导力的构成差异性,以及其开放式领导力的开发提升机制是否具有差异性等问题需要进一步的深入探讨,因此,未来的研究可以扩展到其他高校,包括类型和数量上的扩展。

参考文献

［1］ Abrahamowicz，D. College involvement，perceptions，and satisfaction：A study of membership in student organizations［J］. Journal of College Student Development，1988，29：233－238.

［2］ Amabile，T. M. The Social Psychology of Creativity［M］.New York：Cambridge University Press，1983.

［3］ Andenoro，T. & Kasperbauer，H. Global Leadership—Where in the World is Leadership Education? Proceedings of the 2005 Association of Leadership Educations Annual Conference［C］. Wilmington，NC,2005.

［4］ Antonio，A. L. The role of interracial interaction in the development of skills and cultural knowledge and understanding［J］. Research in Higher Education，2001,42(5)：593－617.

［5］ Antonakis，J.，Cianciolo，A.T. & Sternberg，R. J. (eds.). The Nature of Leadership［M］. Thousand Oaks，CA：Sage，2005.

［6］ Astin，A. W. What Matters in College? Four Critical Years Revisited ［M］. San Francisco：Jossey-Bass，1993.

［7］ Astin，A. W. Forward. In C. L. Outcalt，S. K. Faris，& K. N. McMahon (Eds.). Developing Non-hierarchical Leadership on Campus：Case Studies and Best Practices in Higher Education［M］. Westport，

CT: Greenwood Press, 2001.

[8] Astin, A. W., Astin, H.S., Bonous-Hammarth, M., Chambers, T., Goldberg, L. S., Johnson, C. S., et al. A Social Change Model of Leadership Development[M]. Los Angeles: Higher Education Research Institute, 1996.

[9] Astin, A.W. &Astin, H. S. Leadership Reconsidered: Engaging Higher Education in Social Change[R]. Battle Creek, MI: W K. Kellogg Foundation, 2000.

[10] Avolio, B. Full Leadership Development [M]. Thousand Oaks, CA: Sage, 2005.

[11] Barbara, M. K., Peer P. The German "Excellence Initiative" and its role in restructuring the national higher education landscape [C]. Structuring Mass Higher Education: The Role of Elite Institutions, Published by Palfreyman, 2008:113 – 127.

[12] Balazadeh, N. Service learning and the sociological imagination: Approach and assessment [C]. Paper presented at the National Historically Black Colleges and Universities Faculty Development Symposium, Memphis, TN, 1996.

[13] Bass, B. M. Bass and Stogdill's Handbook of Leadership: Theory, Research and Managerial Applications (3rd ed.)[M]. New York: Free Press, 1990.

[14] Beineke, J. A., Sublett R. H. Leadership Lessons and Competencies: Learning from the Kellogg National Fellowship Program[EB/OL]. http://www.wkkf.org/default.aspx? tabid = 102&CID = 6&CatID = 6&ItemID=60748&NID=20& Language ID=0,2001-11-01.

[15] Bolden, R. & Gosling, R. Leadership Competencies: Time to Change the Tune? [J]. Leadership, 2006,2(2):147－163..

[16] Bonwell, C. &Eison, J. Active Learning: Creating Excitement in the Classroom.AEHE-ERIC Higher Education Report No.1[M]. Washington, D.C.: Jossey-Bass, 1991.

[17] Boud, D. & Feletti, G. The Challenge of Problem-based Learning (2nd ed.)[M]. London: Kogan Page, 1997.

[18] Boyatizs, R. The Competent Management: A model for Effective Performance[M].New York: John Wliey Sons, 1982.

[19] Brungardt, C., Greenleaf, J. & Brungardt, C. Majoring in leadership: a review of undergraduate leadership degree programs[J]. Journal of Leadership Education, 2006,5(1).

[20] Burns, J. M. Leadership[M]. New York: Harper & Row, 1978.

[21] Byer, J. L. Fraternity Members' Perceptions of How Involvement in a Fraternity and Involvement in Student Government Has Influence Their College Experiences[M]. (ERIC Document Reproduction Service No. ED421956), 1998.

[22] Caloghirou, Y., Kastelli, I. &Tsakanikas, A. Internal capabilities and external knowledge sources: Complements or substitutes for innovative performance[J]. Technovation, 2004.

[23] Case, J. Open Book Management: The Coming Business Revolution [M]. New York: Harper Paperbacks, 1996.

[24] Chambers, T. & Phelps, C. E. Student activism as a form of leadership and student development[J]. NASPA Journal, 1993, 31(1): 19－29.

[25] Chapman, E. N., O'Neil &Sharon L. Leadership: Essential Steps Every Manager Needs to Know[M]. New Jersey: Prentice Hall, 2004.

[26] Charlene Li. Open Leadership: How Social Technology Can Transform the Way You Lead[M]. San Francisco: Jossey-Bass, 2010.

[27] Chesbrough, H. Graceful exits and missed opportunities: Xerox's management of its technology spin-off organizations [J]. Business History Review, 2002,76(4): 803 – 837.

[28] Chesbrough, H. Open Innovation, the New Imperative for Creating and Profiting from Technology[M].Boston: Harvard Business School Press, 2003.

[29] Chesbrough, H. Managing open innovation[J]. Research Technology Management, 2004, 47(1): 23 – 26.

[30] Chesbrough, H. Why companies should have open business models[J]. MIT Sloan Management Review, 2007,48(2):22 – 28.

[31] Chesbrough, H. & Schwartz, K. Innovating business models with co-development partnerships [J]. Research Technology Management, 2007, 50(1):55 – 59.

[32] Christopher, F. A. &Robert N. L. Effective Leadership, (4th ed.) [M]. Cengage Learning, 2007.

[33] Chung, S. &Kim, G. M. Performance effects of partnership between manufacturers and supplies for new product development: The suppliers's standpoint[J]. Research Policy, 2003.

[34] Cohen, W. M. Levinthal D. A. Absorptive capacity: A new perspective on learning and innovation[J]. Administrative Science Quarterly, 1990.

[35] Collins, J. Good to Great: Why Some Companies Make the Leap... And Others Don't[M]. New York: Harper Business, 2001.

[36] Colvin, R. E. Leadership studies and liberal education[J]. Journal of Leadership Education, 2003, 2(2):28.

[37] Conrad，C. F. The Undergraduate Curriculum：A Guide to Innovation and Reform[M]. Colorado：Westview Press，1978.

[38] Cox，M. F.，Berry，C. & Smith，K.A. Development of a leadership，policy，and change course for science，technology，engineering，and mathematics graduate students[J].Journal of STEM Education，2009.

[39] Cress，C.M.，Astin，H.S.，Zimmersman-Oster，K. & Burkhardt，J.C. Developmental outcomes of college students' involvement in leadership activities[J]. Journal of College Student Development，2001，42.

[40] Daft，R. L. The Leadership Experience，3e[M].Connecticut：Cengage Learning，2005.

[41] Davis，R.，Misra，S. & Van A. S. A gap analysis approach to marketing curriculum assessment：A study of skills and knowledge[J].Journal of Marketing Education，2002,24(3)：218 – 224.

[42] Day，D. V. Leadership development：A review in context [J]. Leadership Quarterly，2001，11(4).

[43] DeAngelo，L. Affirmative Action Attitudes：An Exploration of the Beliefs Students Use to Make A Choice[M]. Unpublished Manuscript，2002.

[44] Delors，J. Learning：The Treasure Within Report to UNESCO of the International Commission on Education for the Twenty-first Century [M]. Published by the United Nations Educational Scientific and Cultural Organization，2010.

[45] Diamond，R. M. Designing and Assessing Courses and Curricula：A Practical Guide (2nd ed.)[M]. San Francisco：Jossey-Bass Publishers，1998.

[46] Dubois，D. Competency-Based Performance Improvement：A Strategy for Organizational Change [M]. Amherst，MA：HRD Press，Inc.，1993.

[47] Dufour, J. C., Cuggia, M., Soula, G., et al. An integrated approach to distance learning with digital video in the French-speaking Virtual Medical University [J]. International Journal of Medical Informatics, 2007, 76 (5):369 – 376.

[48] Earnest, G. W. Study abroad: A powerful new approach for developing leadership capacities[J]. Journal of Leadership Education, 2003, 2(2).

[49] Engbers, T. A. Student leadership programming model revisited[J]. Journal of Leadership Education, 2006, 5(3).

[50] Erwin, T. D. &. Marcus-Mendoza, S. T. Motivation and students' participation in leadership and group activities[J]. Journal of College Student Development, 1988, 29(4): 356 – 361.

[51] Eysenck, H. Genius: The Natural History of Creativity[M]. New York: Julian Freidmann, 1995.

[52] Faris, S. K. &.Outcalt, C. L. The emergence of inclusive, process-oriented leadership. In C. L. Outcalt, S. K. Faris &. K. N. McMahon (Eds.). Developing Non-hierarchical Leadership on Campus: Case Studies and Best Practices in Higher Education[M]. Westport, CT: Greenwood Press, 2001.

[53] Fiedler, F. E. A Theory of Leadership Effectiveness[M]. New York: McGraw-Hill, 1967.

[54] Gardner, J. On leadership[M]. New York: Free Press, 1990.

[55] Gill, R. Theory and Practice of Leadership [M]. London: Sage Publications, 2006.

[56] Gilligan, C. In a Different Voice[M]. Cambridge, MA: Harvard University Press, 1982.

[57] Graen, G. B. (ed.). New Frontiers of Leadership: A Volume in LMX Leadership: The Series[M]. Greenwich: Information Age Publishing, 2004.

[58] Greater Expectations National Panel. The commitment to quality as a nation goes to college: draft report of the greater expectations national panel[C]. American Association of Colleges and Universities, 2002.

[59] Greenleaf, R. Servant Leadership: A Journal in the Nature of Legitimate Power and Greatness[M]. New York: Paulist, 1977.

[60] Gregoire, M. B. Leadership: Reflections over the past 100 years[J]. Journal of the American Dietetic Association, 2002, 104(3): 395 – 403.

[61] Guenthner, J.F. & Moore, L.L. Role playing as a leadership development tool[J]. Journal of Leadership Education, 2005, 4(2).

[62] Hackman, M.Z., Kirlin, A. M. & Tharp, J. L. Prescriptive leadership development: Developing tomorrows leaders today [J]. Journal of Leadership Education, 2004, 3(1):72.

[63] Hartley, J. & Hinksman, B. Leadership development: A systematic review of the literature [R]. Warwick Institute of Governance and Public Management, Warwick Business School, 2003.

[64] Hartman, S. J. & Harris, O. J. The role of parental influence in leadership [J]. The Journal of Social Psychology, 1992, 132(2): 153 – 167.

[65] Harvard University. Task Force on General Education-Preliminary Report in the United States [M]. Cambridge: Harvard University Press, 2006.

[66] Hayes, A. New presence of women leaders[J]. Journal of Leadership Studies, 1999, 6(1): 112 – 121.

[67] Heribert, H. Adult education within lifelong learning policy developments in the European Union and in Germany [J]. Life-long Education, 2010, 3 (8): 57 – 69.

［68］ Hmelo-Silver，C. E. Problem-based learning：What and how do students learn? ［J］.Educational Psychology Review，2004，16(3)：235 – 266.

［69］ House，R. J.，Aditya,R. IV. The social scientific study of leadership：Quo Vadis? ［J］. Journal of Management，1997，23：409-473.

［70］ House，R. J. Leadership Effectiveness［M］. Organizational Behavior：The State of the Science，1994.

［71］ http://ls-advise.berkeley.edu/Requirements/breadth7/bs.htm，2006-08-04.

［72］ Hunt，J.G. Leadership：A New Synthesis［M］.Newbury Park，CA：Sage，1991.

［73］ Hunt，J.G. What is Leadership? ［M］//Antonakis，J.，Cianciaola，A. & Sternberg，R. J.(Eds.). The Nature of Leadership. Thousand Oaks，CA：Sage，2004.

［74］ Jaeger，A.J. Job competences and the curriculum：An inquiry into emotional intelligence in graduate professional education［J］.Research in Higher Education，2003,44(6)：615 – 639.

［75］ Joanna，B. & Aaron，D.S. McKinsey Quarterly ［J］. http://china. mckinseyquarterly. com/Centered _ leadership _ through _ the _ crisis _ McKinsey_Survey_results_245，2009.

［76］ Henry J. & Newman，C. The Idea of a University：Defined and Illustrated ［M］.Chicago：Loyola University Press，1987.

［77］ Jones，R. & Thomas，L. The 2003 UK Government Higher Education White Paper：A critical assessment of its implications for the access and widening participation agenda ［J］. Journal of Education Policy，2005，20(5)：615 – 630.

［78］ Judge，T.A. Heller，D. & Mount，M. K. Five-factor model of personality and job satisfaction：A meta-analysis［J］.Journal of Applied Psychology，

2002，530(12). 87.

[79] Judge，T. & Bono，J. Relationship of core self-evaluations traits-self-esteem，generalized self-efficacy，locus of control and emotional stability-with job satisfaction and job performance：A meta-analysis [J]. Journal of Applied Psychology，2001,86(1)：80 − 92.

[80] Kezar，A. & Moriarty，D. Expanding our understanding of student leadership development：A student exploring gender and ethnic identity[J]. Journal of College Student Development，2000，41(1)：55 − 69.

[81] Kirkpatrick，S.A. & Locke，E.A. Leadership：Do traits matter? [J]. Academy of Management Executive，1991，5(2)：48 − 60.

[82] Klawitter，C.，Lorensen，M.，Ortega，R. & Burgoon，L. Leadership in action：A multi-state leadership development program for college students [C].// Proceedings of the 2007 Association of Leadership Educations Annual Conference，2007.

[83] Komives，S. R.，Lucas，N. & MaMahon，T. T. Exploring Leadership：For College Students Who Want to Make A Difference[M]. San Francisco：Jossey-Bass，1998.

[84] Kouzes，J. M. & Posner，B. Z. The Leadership Challenge：How to Keep Getting Extraordinary Things Done in Organizations[M]. San Francisco：Jossey-Bass，1995.

[85] Lam，A. Alternative societal models of learning and innovation in the knowledge economy [J].International Social Science Journal，2002,54(171)：67 − 82.

[86] Langone，C.A. The use of a citizen leader model for teaching strategic leadership[J]. Journal of Leadership Education，2004，3(1)：82 − 88.

［87］ Lipman-Blumen，J. The Connective Edge：Leading in an Interdependent World［M］. San Francisco：Jossey-Bass，1996.

［88］ Lips，H. M. College students's visions of power and possibility as moderated by gender［J］. Psychology of Women Quarterly，2000，24，39 – 43.

［89］ Spencer，L. M. & Spencer，S. M. Competence at Work［M］. New York：John Wiley & Sons，Inc.，1993.

［90］ Mable，P. Professional standards：An introduction and historical perspective. In W. A. Bryan，R. B. Winston，Jr. & T. K. Miller (Eds.). Using Professional Standards in Student Affairs［M］. San Francisco：Jossey Bass，1991.

［91］ Mable，P. The Council for the Advancement of Standards in Higher Education Turns Twenly-Five［C］. Assessment Update，2005.

［92］ MacNeil，C. A. Bridging generations：Applying adult leadership theories to youth leadership development ［J］. New Directions for Youth Development，2006，109.

［93］ Marcy，M. Democracy，leadership and the role of liberal education ［J］. Liberal Education，2002，88.

［94］ Marijk，C. W. The Bologna Declaration：Enhancing the transparency and competitiveness of European higher education ［J］. Higher Education in Europe，2000，25(3)：305 – 310.

［95］ Marron，J. M. A study of the utilization of the council for the advancement of standards for student services/development program standards at four-year undergraduate degree-granting colleges and universities ［D］. Dissertation Abstracts International，1989，50：1877A.

[96] McCauley，C. D. & Velsor，Van E. (eds.). The Center for Creative Leadership Handbook of Leadership Development (2nd ed.)[M]. San Francisco：Jossey-Bass，2004.

[97] McClelland，D. C.，Testing for competency rather than for intelligence[J]. American Psychologist，1973，28(1)：1-14.

[98] McCrae，R. & Costa，P. Toward a new generation of personality theories：theoretical contexts for the five-factor model[A].//Wiggins，J. S. The Five-Factor Model of Personality：Theoretical Perspectives [C].New York：Guilford，1996：51-87.

[99] McLagan Patricia A. Competency models[J]. Training and Development Journal，1980，34(12)：22－26.

[100] McMahon，K. N. The development of a leadership program for female college students[D]. Los Angeles：University of California，2000.

[101] Millis，B. J. (ed.). Cooperative Learning in Higher Education：Across the Disciplines，Across the Academy [M]. Sterling VA：Stylus Publishing，2010.

[102] Mowery，D. C.，Oxley J. E. Silverman B. S.，Strategic alliance and interfirm knowledge transfer [J]. Strategic Management Journal，Winter 1996.

[103] Moriarty，D. M. Leadership and the college experience：Changes in undergraduate's perception of their leadership ability [D]. Los Angeles：University of California，1994.

[104] National Academy of Engineering. Engineering of 2020：Visions of Engineering in the New Century[M]. Washington DC：the National Academies Press，2004.

［105］ Naquin，S.S. & Holton，E. F. Redefining state government leadership and management development：A process for competency-based development［J］. Public Personnel Management，2003，32（1）：23－46.

［106］ Nelson，R. R.（ed.）. National Innovation Systems：A Comparative Analysis［M］. New York：Oxford University Press，1993.

［107］ Northouse，P. G. 卓越领导力——十种经典领导力模式［M］. 北京：中国轻工业出版社，2003.

［108］ Northouse，P.G.（ed.）. Leadership：Theory and Practice（3rd ed.）［M］. London：Sage，2004.

［109］ Onlyqshen. 培育明日领袖：2006 大学生领导才能研讨会闭幕［EB/OL］.http：//www.edu.qq.com/a/20060804/000130.htm.

［110］ Oseph A. S. The Decline of the Privilege：The Modernization of Oxford University ［M］. Redwood，CA：Stanford University Press，1999.

［111］ Peggy，A. P. A model program from the perspective of faculty development ［J］. Innovative Higher Education，2000，25（2）：97－110.

［112］ Pennington，P. The leadership pie：Grab your piece before it's gone ［J］. Journal of Leadership Education，2005，4（1）.

［113］ Rauch & Behling. http：//www. writework. com/essay/determining-your-perfect-position-1，1984.

［114］ Ricketts，J.C. & Rudd，R. D. A comprehensive leadership education model to train，teach，and develop leadership in youth ［J］. Journal of Career and Technical Education，2003，19（1）：8..

［115］ Rodgers，H.，Gold，J.，Frearson，M. & Holden，R. The Rush to Leadership：Explaining Leadership Development in the Public Sector ［J］. Working Paper Leeds Business School.（Paper submitted for publication).2003.

[116] Romano，C. R. A qualitative study of women student leaders[J]. Journal of College Student Development，1996，37(6)：676 - 683.

[117] Rosser，M. H. Leadership And Mentoring：CEO Perspectives[C].// Proceedings of the 2005 Association of Leadership Educations Annual Conference. Wilmington，NC，2005.

[118] Rost，J. C. Leadership for the Twenty-first Century[M]. New York： Praeger，1991.

[119] Rost，J. C. & Barker，R. A. Leadership education in colleges： Toward a 21st century paradigm[J]. Journal of Leadership Studies， 2000，7(1)

[120] Rothwell，A. & Arnold，J. Self-perceived employability：Development and validation of a scale[J]. Personal Review,2007,36(1):23 - 41.

[121] Rutherford，F. J. & Andrew A. Science for All Americans：Project 2061，American Association for the Advancement of Science [M]. New York：Oxford University Press，1990.

[122] Sandberg，J. Understanding human competence at work：An interpretative approach[J].Academy of Management Journal,2002,43(1):9 - 25.

[123] Schwartz，M. K.，Axtman，K. M. & Freeman，R. H. (eds.). Leadership Education：A Source Book of Courses and Programs (7th ed.) [M]. Greenboro，NC：Center for Creative Leadership，1998.

[124] Seemiller，C. Impacting social change through service learning in an introductory leadership course [J]. Journal of Leadership Education， 2006，5(2).

[125] Sindell，M.，Hoang，T. Leadership development：Management Development [J] .Toronto Public Library，2001.

[126] Smith，R. N. The Harvard Century [M]. New York：Simon and Schuster，1986.

[127] Stech，E. L. Psycho-dynamic Approach. In Northouse，P. G. (ed.). Leadership：Theory and Practice (3rd ed.)[M]. London：Sage，2004.

[128] Stelter，N. Z. Gender differences in leadership：Current social issues and future organizational implications [J]. Journal of Leadership Studies，2002，8(4)：88 – 100.

[129] Sternberg，R. J. WICS：A Model of Leadership in Organizations[J]. Academy of Management Learning & Education，2003.

[130] Stogdill，R. M. Personal factors associated with leadership：A survey of the literature[J]. Journal of Psychology，1948，25：35 – 71.

[131] Stogdill，R. M. Handbook of Leadership[M]. New York：Free Press，1974.

[132] Storey，J. Changing Theories of Leadership and Leadership Development. In Storey，J. (ed.). Leadership in Organizations：Current Issues and Key Trends[M]. London：Routledge，2003.

[133] Ted，T. & Brian S. Oxford，Cambridge and the Changing Idea of the University [M]. Society for Research into Higher Education，1992.

[134] Twale，D. J. Enhancing identity development among selected college student leaders[J]. College Student Journal，1990，23(4)：304 – 310.

[135] University of California，Berkeley[R]. General Catalog 2005—2007.

[136] UC Berkeley Commission on Undergraduate Education[R]. Final Report (September 2000). http://learning. berkeley. edu/cue/. 2006-08-04.

[137] Park A. UK Commission for Employment and Skills，The Employability Challenge：Full Report[R]. Wath-Upon-Dearne：UKCHE. Available at：http://www.ukces.org.uk/tags/employabilitychallenge-full-report，2009.

[138] U. S. Department of Education. A Test of Leadership: Charting the Future of U. S.[M].Washington, DC: Higher Education,2006.

[139] Vicere, A. & Fulmer, R. Leadership by Design[M]. Boston, Massachusetts: Harvard Business School Press, 1998.

[140] Watt, W. M. Effective leadership education: developing a core curriculum for leadership studies[J]. Journal of Leadership Education, 2003, 2(1).

[141] Whitt, E. J. "I can be anything!": Student leadership in three women's colleges[J]. Journal of College Student Development, 1994, 35(3): 198 – 207.

[142] Yang, R. Third Delight: The Internationalization of Higher Education in China[M]. New York and London: Routledge, 2002.

[143] Young, L. J. Developing nontraditional leaders [J]. Journal of Multicultural Counseling and Development, 1986, 14(3): 108 – 115.

[144] Yukl, G. Leadership in Organizations (3rd ed.) [M]. Englewood Cliffs, NJ: Prentice Hall, 1994.

[145] Yukl, G. Leadership in Organizations (5th ed.) [M].Upper Saddle River, NJ: Prentice Hall, 2002.

[146] Zaccaro, S. J. Self-monitoring and trait-based variance in leadership: An investigation of leader flexibility across multiple group situations [J]. Journal of Applied Psychology, 1991,76(2): 308 – 315.

[147] Zeleny, L. D. Experiments in leadership training [J]. Journal of Educational Sociology, 1941, 14(5).

[148] Zimmerman-Oster, K. & Berkhardt, J. C. Leadership in the Making: Lmpact and Insights from Leadership Development Programs in U.S. Colleges and Universities [R]. Battle Creek, MI: W. K. Kellogg Foundation, 1999. http://www.wkkf.org/. 2007-06-08.

[149] http://www.wkkf.org/Pubs/CCT/Leadership/Pub3165.pdf[EB/OL].2001-12-15.

[150] Zuniga，X. Bridging differences through dialogue[J]. About Campus，2003，7(6)：8－16.

[151] http://blog.ifeng.com/article/4044154.html[EB/OL].2014-11-06.

[152] 百度百科. http://baike.baidu.com/view/1486108.htm[EB/OL].2013-08-06.

[153] 彼得·诺斯豪斯. 领导学:理论与实践(第二版)[M]. 吴荣先,等译. 南京:江苏教育出版社，2002.

[154] 博耶研究型大学本科生教育委员会. 重建本科生教育:美国研究型大学发展蓝图[J]. 教育参考资料,2000(19).

[155] 陈建生. 企业领导如何提高领导力[J]. 领导科学,2003(17).

[156] 陈劲,陈钰芬,等. 国家创新能力的测度与比较研究[J]. 技术经济,2009(8).

[157] 陈劲. 学生领导力的锤炼[EB/OL].http://www.qsc.zju.edu.cn/redir.php? catalog_id=60&object_id=39554.2007-12-18.

[158] 陈勇. 大学生就业能力模型及提升机制研究[D]. 杭州:浙江大学,2012.

[159] 陈钰芬. 开放式创新的机理与动态模式研究[D]. 杭州:浙江大学,2007.

[160] 陈钰芬,陈劲. 开放式创新:机理与模式[M]. 北京:科学出版社,2008.

[161] 邓晓蕾. 军队综合大学学历教育合训学员领导力培养研究[D]. 长沙:国防科学技术大学,2006.

[162] 董军. 领导力文化发挥重要作用[J]. 中外企业文化,2003(12).

[163] 范柏乃,蓝志勇. 公共管理研究与定量分析方法[M].北京:科学出版社,2008。

[164] 房欲飞. 通识教育和大学生领导力教育——以美国大学为例[J]. 复旦教育论坛,2007,5(4).

[165] 房欲飞. 大学生领导力教育研究评述[J]. 现代教育科学,2008(2).

[166] 房欲飞. 大学生领导力教育:高校和社区互动的新载体——以美国为例 [J].江苏高教,2008 (3).

[167] 房欲飞. 美国高校大学生领导教育研究[D]. 上海:华东师范大学,2008.

[168] 高冬东. 关于领导能力的研究[D]. 开封:河南大学,2001.

[169] 巩建闽,萧蓓蕾. 基于能力培养的课程体系设计框架案例分析[J]. 高等 工程教育研究,2011(1).

[170] 顾明远. 高等教育改革的国际动向[C]//中国大学人文启思录:三. 武 汉:华中理工大学出版社,1999.

[171] 何郁冰. 开放式创新视角下技术多样化与企业绩效关系及机制研究 [D]. 杭州:浙江大学,2008.

[172] 黄俊汉. 试论提升领导力[J]. 经济与社会发展,2005(1).

[173] 华东新闻[N],2005-1-13,第三版.

[174] 教育部中外大学校长论坛领导小组. 中外大学校长论坛文集[C]. 北 京:高等教育出版社,2006.

[175] 金顶兵. 中美两所一流大学本科课程比较分析[J]. 比较教育研究,2007(3)。

[176] 柯士雨. 论政府及其官员的领导力的提升[J]. 甘肃行政学院学报,2004(1)。

[177] 李昌明. 领导力与造就优秀企业人才[J]. 经济论坛,2005(6).

[178] 李春林. 西部领导力开发论析——西部领导力开发的另一个视角[J]. 内蒙古大学学报(社会科学版),2001(2).

[179] 李光炎. 领导力与生产力[J]. 中共桂林市委党校学报,2001(1).

[180] 李慧琴,郭晓静. 国外创新教育的发展及对我国的启示[J]. 比较教育研 究,2009(4).

[181] 李明斐,卢小君. 胜任力与胜任力模型构建方法研究[J].大连理工大学 学报(社会科学版),2004,25(1).

[182] 李南宙. 基于胜任力模型的招聘评价中心在福特汽车的应用研究[D].

广州：中山大学，2009.

[183] 刘爱东.大学生创新能力提升研究与实践［M］.北京：经济科学出版社，2012.

[184] 刘红梅.大学生创新培养研究——以经济管理类大学生为例［M］.上海：上海财经大学出版社，2008.

[185] 罗晖，程如烟.加大基础研究和人才投资，提高长远竞争力——《美国竞争力计划》介绍［J］.中国软科学，2006，（3）.

[186] 毛泽东.毛泽东选集［M］.北京：人民出版社，1991.

[187] 彭亮.现代企业的领导力初探［J］.中国科技信息，2005（16）.

[188] 世界著名大学校长谈大学生应该怎样学习［EB/OL］.http://www.cko.com.cn/web/articles/lo/38/20051227/38,1969,0.html. 2005-12-27.

[189] 苏东水.管理心理学［M］.上海：复旦大学出版社，2002.

[190] 王春林.试论领导者的非权力影响力［J］.兵团党校学报，2005（3）.

[191] 王芳.学生领导力发展的内涵及其策略［J］.教育发展研究，2012（2）.

[192] 王莉莉，章二林.美国普度大学计算机科学专业本科生培养体系研究［J］.计算机教育，2012（1）.

[193] 王晓阳.大学社会功能的比较研究［M］.北京：北京师范大学出版社，2000.

[194] 翁文艳，房欲飞.当代美国大学生领导力教育成功经验分析［J］.中国青年政治学院学报，2007，26（2）.

[195] 翁文艳，赵世明.国外青年学生领导力培养的研究与实践［J］.领导科学，2011（4）.

[196] 翁文艳.国外领导教育与培养概览［M］.上海：华东师范大学出版社，2008.

[197] 吴慈生，江曾.领导胜任力研究评述［J］.标准科学，2009（8）.

[198] 吴忠魁.论日本21世纪国家发展战略与教改对策［J］.比较教育研究，

2001(1).

[199] 奚洁人. 中国领导学研究 20 年[M]. 上海：华东师范大学出版社,2007.

[200] 许国动. 当代大学生领导力模型与实现路径的理论分析[J]. 北京邮电大学学报(社会科学版),2011(12).

[201] 许国动. 教育视域下大学生领导力结构维度探析[J]. 重庆交通大学学报(社会科学版),2012(6).

[202] 薛军. 论日本的科技立国战略[J]. 太平洋学报,2004(1).

[203] 杨宝忠. 大教育视野中的家庭教育[M]. 北京：社会科学文献出版社,2003.

[204] 杨玉刚,等.大学生领导力培养研究述评[J].赤峰学院学报(汉文哲学社会科学版),2012(6).

[205] 俞可. 德国《发展报告》:教育的重心将由学校教育转向终身学习[J]. 上海教育,2010(18).

[206] 余雅风,郑晓齐.大学－企业合作创新的成功要素构成模式研究[J].科技与管理,2002(3).

[207] 张青林. 企业领导者的领导力[J]. 施工企业管理,2005(4).

[208] 赵红梅. 当代美国女子高校的领导力教育——对 15 所女子学院的研究[D].北京:首都师范大学,2005.

[209] 郑绪涛.中国自主创新能力影响因素的实证分析[J].工业技术经济,2009(5).

[210] 郑禹. 大学生能力体系研究[M]. 合肥：中国科学技术大学出版社,2008.

[211] 中国科学院"科技领导力研究"课题组、领导力五力模型研究[J],领导科学,2006(9).

[212] 周小青. 日本高等教育双轨评估体制及其对我国的启示[J]. 比较教育研究,2010(2).

[213] 朱清时. 21 世纪高等教育改革与发展——国外部分大学本科教育改革与课程设置[M]. 北京:高等教育出版社,2002.

[214] 朱朝晖,陈劲. 开放创新的技术学习模式[M]. 北京:科学出版社,2008.

[215] 朱忠武. 领导力的核心要素[J]. 中外企业家,2005(4).

[216] 钟秉林.深入开展产学研合作教育 培养具有创新精神和实践能力的高素质人才[J].中国高等教育,2000(21).

[217] 邹晓东,等. 从混合班到竺可桢学院——浙江大学培养拔尖创新人才的探索之路[J]. 高等工程教育研究,2010(1).

[218] 邹晓东,吕旭峰. 校友情结:美国高校捐赠的主要动因[J]. 比较教育研究,2010(7).

[219] 邹晓东,王忠法. 开展新体制产学研合作,培养高素质应用型人才[J]. 高等工程教育研究,2004(4).

索　引